Mindermann (Hrsg.):

BWL-Klausuren für das Bachelor-Studium

2. Aufl.

Bibliografische Information der Deutschen Bibliothek:
Die Deutsche Bibliothek verzeichnet diese Publikation in der Deutschen
Nationalbibliografie; detaillierte bibliografische Daten sind im
Internet unter http://dnb.ddb.de abrufbar.

© 2011 Torsten Mindermann
Herstellung und Verlag: Books on Demand GmbH, Norderstedt
ISBN: 9783842306752

Vorwort zur zweiten Auflage

Die Konzeption des Buches wurde beibehalten. Die Aufgaben und Lösungen der Vorauflage sind durchgesehen, und dort, wo es notwendig schien, überarbeitet und erweitert worden.

Greifswald im Juni 2011   Torsten Mindermann

Vorwort zur ersten Auflage

Dieses Buch richtet sich an Studierende, die sich gezielt auf ihre Semesterabschlussklausuren in einem betriebswirtschaftlichen Bachelor-Studiengang vorbereiten möchten. Zur optimalen Klausurvorbereitung ist das Bearbeiten alter Klausuraufgaben aus vergangenen Prüfungsterminen unerlässlich. Oftmals fehlen den Studierenden jedoch die dazugehörigen Musterlösungen, die einen Vergleich zwischen eigener und der vom Prüfer erwarteten Lösung ermöglichen. Diesem Missstand begegnet das vorliegende Buch, indem zu jeder Klausur eine bepunktete Musterlösung angeboten wird. Die Bepunktung erfolgt nach dem Grundschema, dass je Minute Bearbeitungszeit im Durchschnitt ein Punkt erzielt werden kann.

Die Klausuren setzen sich zum größten Teil aus Originalklausuraufgaben der Heinrich-Heine-Universität Düsseldorf, der Fachhochschule Düsseldorf, der Ernst-Moritz-Arndt-Universität Greifswald, der FOM Hochschule für Oekonomie & Management Essen und der Technischen Universität Ilmenau zusammen. Die Musterlösungen wurden von aktuellen oder ehemaligen Dozenten dieser Hochschulen erstellt.

Alle Autoren haben ihre Musterlösung sorgfältig überprüft, sollte sich dennoch ein Fehler eingeschlichen haben, geht dieser selbstverständlich zu Lasten des Herausgebers.

Die Autoren und der Herausgeber wünschen eine angenehme Vorbereitung und viel Erfolg in der anschließenden Semesterabschlussklausur.

Greifswald im Juli 2010   Torsten Mindermann

Beispielhafte Punktskala zur Notenberechnung

Noten \ Erreichbare Gesamtpunktzahl	60
4,0	ab 30,0
3,7	ab 35,0
3,3	ab 37,5
3,0	ab 40,0
2,7	ab 42,5
2,3	ab 45,0
2,0	ab 47,5
1,7	ab 50,0
1,3	ab 52,5
1,0	ab 55,0

Die abgedruckte Punktskala soll Ihnen eine Notenberechnung ermöglichen. Beachten Sie, dass es an unterschiedlichen Bildungseinrichtungen abweichende Punktskalen geben kann.

Inhaltsverzeichnis

Autorenverzeichnis

Dr. Carolin Clausen, Heinrich-Heine-Universität Düsseldorf (Klausur 3: Marketing; Klausur 4: Marketing)

Prof. Dr. Rüdiger Hahn, Heinrich-Heine-Universität Düsseldorf (Klausur 5: Produktionswirtschaft; Klausur 6: Produktionswirtschaft; Klausur 7: Produktionswirtschaft)

Dipl.-Kffr. Daniela Hochstein, Heinrich-Heine-Universität Düsseldorf (Klausur 1: Grundlagen der BWL)

Prof. Dr. Torsten Mindermann, Ernst-Moritz-Arndt-Universität Greifswald (Klausur 2: Grundlagen der BWL; Klausur 14: Controlling; Klausur 15: Externes Rechnungswesen; Klausur 16: Konzernrechnungslegung; Klausur 17: Konzernrechnungslegung)

Dipl.-Kfm. Sven Müller, Technische Universität Ilmenau (Klausur 18: Internationale Rechnungslegung)

Dr. Marc Reiners, Dr. Grasberger & Partner, Köln (Klausur 11: Investition und Finanzierung; Klausur 12: Investition und Finanzierung)

Dr. Nicole Richter, Metro AG Düsseldorf (Klausur 8: Personalwesen; Klausur 9: Organisationstheorie; Klausur 10: Unternehmensführung)

Prof. Dr. Elmar Schmitz, FOM Hochschule für Oekonomie & Management, Essen (Klausur 2: Grundlagen der BWL)

Dipl.-Kffr. Nadine Walther, Ernst-Moritz-Arndt-Universität Greifswald (Klausur 19: Betriebswirtschaftliche Steuerlehre; Klausur 20: Betriebswirtschaftliche Steuerlehre)

Dr. Carsten Winkler, Heinrich-Heine-Universität Düsseldorf (Klausur 13: Kosten- und Leistungsrechnung; Klausur 14: Controlling)

I. Klausuren

Klausur 1: Grundlagen der BWL (Hochstein)

Aufgabe 1 (10 min.):
Erläutern Sie die verschiedenen in einem Unternehmen möglichen Zielbeziehungen. Stellen Sie die unterschiedlichen Zielbeziehungen graphisch dar und nennen Sie ein Beispiel für jede Art.

Aufgabe 2 (10 min.):
(a) Erläutern Sie kurz allgemein, wie einem Unternehmen „Ausgaben", „Aufwendungen" bzw. „Kosten" entstehen.

(b) Entscheiden Sie anschließend, ob es sich bei den folgenden Sachverhalten um Aufwendungen, Kosten und/oder Ausgaben handelt:
   i.   Die bereits seit Jahren im Unternehmen vorhandenen und vollständig abbezahlten Maschinen werden aufgrund ihres Einsatzes in der Produktion in Höhe von 12.000 EUR abgeschrieben.
   ii.   Ein Brandschaden hat eine Maschine ruiniert, welche aus diesem Grund von einer Fachfirma für 7.000 EUR repariert werden muss.
   iii.   Eine bereits abgeschriebene Maschine kann weiter zu Produktionszwecken eingesetzt werden. Kalkulatorisch wird sie in Höhe von 2.000 EUR abgeschrieben.
   iv.   Rohstoffe im Wert von 20.000 EUR werden innerhalb eines Geschäftsjahres gekauft und in der Produktion eingesetzt.

Aufgabe 3 (40 min.):
Erläutern Sie allgemein die Minimax-, Maximax-, Hurwicz-, Savage-Niehans- sowie die Laplace-Regel und ermitteln Sie, welche Alternative der Entscheider bei Anwendung der jeweiligen Regel wählen würde, wenn die folgende Gewinn- und Verlustgrößen enthaltende Entscheidungsmatrix gegeben sei:

Zustandsraum / Aktionenraum	U_1	U_2	U_4	U_3
A_1	20	40	80	60
A_2	-500	0	800	400
A_3	200	120	-40	40
A_4	300	100	-200	0
A_5	-100	0	200	100

Bei Anwendung der Hurwicz-Regel unterstellen Sie bitte einen Optimismusparameter von $\lambda = 0,3$.

Klausur 2: Grundlagen der BWL (Mindermann/Schmitz)

Aufgabe 1 (5 min):

Ein Unternehmen produziert Taschenrechner. Folgende Informationen sind über das Unternehmen bekannt. Ergänzen Sie die unten stehende Tabelle. Jeweils 1.000 Taschenrechner stellen eine Leistungseinheit dar.
Hinweis: Berechnen Sie die fixen, die variablen und die gesamten Stückkosten sowie die Grenzkosten in Bezug auf Leistungseinheiten.

Menge Taschen-rechner (Leistungs-einheit)	Kosten (€)	Gesamte fixe Kosten (€)	Gesamte variable Kosten (€)	Fixe Stück-kosten (€)	Variable Stück-kosten (€)	Gesamte Stück-kosten (€)	Grenz-kosten (€)
1	3.300	3.000					
2	3.800	3.000					
3	4.500	3.000					
4	5.400	3.000					

Aufgabe 2 (6 min):

Erläutern Sie die drei Ausprägungen des ökonomischen Prinzips jeweils in einem Satz.

Aufgabe 3 (25 min):

a) Erläutern Sie den Begriff der Liquidität
b) Geben Sie Liquidität 1. bis 3. Grades an. Welchen Wert muss die Liquidität 1. Grades aufweisen, damit zweifelsfrei kurzfristig keine Liquiditätsprobleme auftauchen können?
c) Erläutern Sie kritisch sechs kurzfristige Maßnahmen zur Verbesserung der Liquidität.

Aufgabe 4 (24 min):

Die Brause AG stellt Kühlanlagen her. Aufgrund steigender Nachfrage ist der Bau eines weiteren Zweigwerks notwendig. Für Produktion und Absatz gelten die folgenden Planwerte:

Produktionsmenge/Jahr: 10.000 Stück
Arbeitseinsatz/Stück: 150 Stunden
Sonstiger Aufwand/Stück: 3.000 Euro
Verkaufspreis/Stück: 7.000 Euro

Als Standorte für das neue Werk kommen Köln, Mailand oder Dublin in Frage.
Außerdem sind noch folgende Daten zu berücksichtigen:

	Köln	Mailand	Dublin
Zusätzliche Verwaltungskosten Euro/Jahr		3.000.000	2.250.000
Zusätzliche Transportkosten Euro/Stück		110	200
Arbeitskosten Euro/Stunde	26	18	20
Steuersatz:	25%	32%	12%

An welchem Standort sollte die Brause AG ihre Zweigstelle errichten?

4

Klausur 3: Marketing (Clausen)

Die MediCare GmbH mit Firmensitz in Lübeck ist einer der weltweit führenden Hersteller für medizinische Produkte. Die breite Produktpalette reicht von Diagnostika über medizinische Präzisionsgeräte bis hin zur Herstellung von Medikamenten. Seit seiner Gründung in den zwanziger Jahren expandiert das Unternehmen weltweit. Der Forschungserfolg ist maßgeblich den zahlreichen Forschungskooperationen mit Universitäten und Krankenhäusern in ganz Westeuropa und den USA zuzuschreiben. Trotz der weltweiten Etablierung, hat das Unternehmen mit erheblichen Schwierigkeiten zu kämpfen. Dem Traditionsunternehmen gelang es bisher nicht internationale Wissenschaftler nach Lübeck zu locken, sodass die MediCare in letzter Zeit kaum innovative Produkte auf den Markt einführen konnte. Wichtige Trendentwicklungen der medizinischen Branche wurden verkannt bzw. sogar missachtet.

Insbesondere bezüglich ihrer langjährigen Erfolgsprodukte musste die MediCare erhebliche Umsatzeinbußen hinnehmen. Verantwortlich dafür ist ihr stärkster Konkurrent im Bereich Medikamente, die NanoRepro GmbH. Ihr gelang es neue Technologien wie zum Beispiel die Nanotechnologie zu nutzen, um die Herstellung und Einnahme von Medikamenten zu erleichtern. Weiterhin bietet die NanoRepro GmbH etablierte Produkte nicht nur besser und kostengünstiger an, sondern nutzt diese zudem um schneller zu innovieren. Dies vor allem deshalb, weil sich das noch sehr kleine Unternehmen, das letztlich über kein eigenes Traditionsprodukt verfügt, ausschließlich aus renommierten Wissenschaftlern zusammensetzt. Kurze Informationswege, schlanke Organisationsstrukturen und die Auslagerung der Produktion nach China führen weiterhin zu erheblichen Wettbewerbsvorteilen. Die MediCare befürchtet, dass sich die NanoRepro GmbH zunehmend auch auf die Herstellung medizinischer Geräte spezialisieren wird. Durch den sehr aggressiven und schnelllebigen Wettbewerbsstil der NanoRepro sieht die MediCare GmbH damit ihr Basisgeschäft und somit einen großen Bestandteil ihres Marktanteils gefährdet.
Da die MediCare nun gezwungen ist zu handeln, möchte auch sie sich auf ein neues Geschäftsfeld begeben, die Genforschung. Hier scheinen Marktpotentiale unausgenutzt.

Aufgaben:

1. Erläutern Sie kurz, unabhängig vom oben geschilderten Fall, den Gegenstand der Konkurrenzanalyse. (5 Punkte)

2. Welche Informationserfordernisse bestehen im Allgemeinen im Rahmen einer Konkurrenzanalyse? Bitte beziehen Sie diese in einem zweiten Schritt auf die spezifische Situation und Sicht der MediCare GmbH. (20 Punkte)

3. Welche strategischen Maßnahmen würden Sie, als externer Berater, der MediCare GmbH empfehlen, um auf die beschriebene Konkurrenzsituation zu reagieren? (20 Punkte)

4. Die MediCare GmbH konnte in letzter Zeit kaum noch innovative Produkte auf dem Markt einführen. Beschreiben Sie vor diesem Hintergrund kurz, was unter einer Produktinnovation zu verstehen ist und gehen anschließend detailliert auf die einzelnen Dimensionen einer Produktinnovation ein. (15 Punkte)

Klausur 4: Marketing (Clausen)

Die Messerscharf GmbH, ein mittelständisches Unternehmen in Langenfeld, stellt funktionale Möbelbeschläge (Scharniere, Auszieh-systeme für Türen, Klappen und Schubladen und ähnliches her) und liefert diese an die Möbelindustrie. Im Juni 2010 reklamiert, Herr Seidler, ein bedeutender Kunde aus Neuss, eine Lieferung von 2.000 Stück eines Standard-Produktes aufgrund eines offensichtlichen Qualitätsmangels in der Oberflächenbehandlung der Produkte. Er richtet seine Beschwerde telefonisch an den ihm bekannten Leiter des Qualitätsmanagement in der Produktionsabteilung der Messer-scharf GmbH, Herrn Wohltat. Herr Wohltat ist zunächst nicht er-reichbar, er befindet sich in einem drei-wöchigen Sommerurlaub. Mehrfach versucht Herr Seidler seine Problematik an anderer Stelle zu äußern, aber auch diese Bemühungen bleiben ohne Erfolg. Nach drei Wochen gelingt es ihm endlich Herrn Wohltat zu erreichen. Herr Seidler schildert erneut die bestehenden Qualitätsmängel der letzten Lieferung. Zusätzlich weist er Herrn Siedler auf einen hier-durch erzeugten Produktionsausfall hin, da er die fehlerhaften Pro-dukte der Messerscharf GmbH nicht zur Weiterverarbeitung habe einsetzen können. Um seine Kunden jedoch fristgerecht beliefern zu können, habe Herr Seidler einen anderen Zulieferer wählen müssen, da in der Messerscharf GmbH kein Ansprechpartner zu finden ge-wesen sei. Herr Wohltat reagiert ungehalten, bezeichnet Herrn Seidler als einen Lügner und behauptet, dass sich dieser die Produk-tionsmängel lediglich ausgedacht hätte, um den Zulieferer wechseln zu können. Er habe schon seit längerer Zeit den Verdacht gehegt, dass Herr Seidler mit Konkurrenten der Messerscharf GmbH unter einer Decke stecke. Herr Seidler versucht, trotz seines Ärgers über diese Beschuldigungen, die Situation zu schlichten. Herr Wohltat bricht das Gespräch jedoch ohne Beendigung ab und legt auf.

Aufgabe 1 (20 Minuten):
Bitte, erläutern Sie theoretisch die Entstehung von Kunden-unzufriedenheit. Gehen Sie in diesem Zusammenhang auf die mög-lichen Wege ein, die ein Kunde hat, mit seiner Unzufriedenheit gegenüber einem Anbieter umzugehen.

Aufgabe 2 (20 Minuten):
Nachdem Herr Seidler seine Aufträge bei der Messerscharf GmbH
storniert hat, verzeichnet diese massive Umsatzeinbußen. Sie erfah-
ren als Geschäftsleitung der Messerscharf GmbH über Dritte von
dem oben geschilderten Vorfall und bitten Herrn Wohltat zu einem
Gespräch. Auch hier zeigt sich Herr Wohltat völlig uneinsichtig und
behauptet, dass er lediglich versucht habe, die Firma vor Reklama-
tionsansprüchen zu schützen. Bitte erklären Sie Herrn Wohltat vor
dem Hintergrund des oben geschilderten Vorfalls, warum die
Herstellung von Beschwerdezufriedenheit einen hohen Einfluss auf
das Kundenverhalten hat.

Aufgabe 3 (20 Minuten):
Nach dem Gespräch mit Herrn Wohltat beschließen Sie als Ge-
schäftsleitung, dass sie sich als Firma im Bereich des Beschwerde-
managements dringend verbessern müssen. Sie setzen sich mit der
Qualitätsabteilung, die bisher auch für die Bearbeitung von
Beschwerden zuständig war, zusammen. Bitte erläutern Sie der
Qualitätsabteilung die wesentlichen Aufgaben eines aktiven
Beschwerdemanagementsystems.

Klausur 5: Produktions- und Supply Chain-Management (Hahn)

Aufgabe 1 (20 min):
Erläutern Sie die drei wesentlichen Elementartypen (Organisationstypen) der Produktion!

Aufgabe 2 (20 min):
Erläutern Sie die zentralen Charakteristika sowie Möglichkeiten und Probleme des Supply Chain-Managements!

Aufgabe 3 (20 min):
Erläutern Sie die vier Grundformen der Bestellpolitik und erörtern Sie deren jeweilige Stärken und Schwächen in Bezug auf die Lagerhaltung!

Klausur 6: Produktionswirtschaft (Hahn)

Aufgabe 1 (25 min):
Die Textilmanufaktur „Mit dem Schimpansen" stellt T-Shirts, Hemden und Blusen her. Der Inhaber hat für die kommende Planungsperiode Absatzhöchstmengen und Preise kalkuliert. Diese sind, zusammen mit den variablen Stückkosten, der folgenden Tabelle zu entnehmen.

	Max. Absatzmenge (in Stk.)	Absatzpreis (in Cent)	Variable Stückkosten (in Cent)
T-Shirts	150	1000	200
Hemden	30	1500	650
Blusen	25	2000	800

Tab. 1: Mengen-, Preis- und Kostenvorgaben

Der Fertigungsprozess besteht aus drei aufeinanderfolgenden Schritten: Zunächst werden die Stoffbahnen in die benötigten Teile geschnitten. Danach werden die Teile entweder vollautomatisch oder mit der Handnähmaschine zu den endgültigen Kleidungsstücken zusammengenäht. Im letzten Schritt werden die Produkte mit einem Emblem bestickt. Die für die einzelnen Arbeitsschritte benötigten Zeiten, die Kosten und die Kapazitätsbeschränkungen der einzelnen Verfahren können der folgenden Tabelle entnommen werden.

Fertigungs-schritt	Schneiden	Nähen		Sticken
Verfahren	-	Vollautomatisch	Handnähmaschine	-
Kostensatz (Cent/min)	10	20	15	15
Max. Kapazität (min)	1500	1300	1500	2000
T-Shirts	5	10	15	6
Hemden	20	30	40	6
Blusen	20	35	45	6

Tab. 2: Vorgaben zu Kostensätzen, Kapazitäten und Verbrauchskoeffizienten (in min/Stk.)

Begründen Sie bei Ihren Ausarbeitungen kurz die einzelnen Schritte sowie Ihre Lösung!

a) Wie sieht das optimale Produktionsprogramm unter Berücksichtigung der Planungsvorgaben des Inhabers aus! (22 Punkte)

b) Wie hoch ist der Gesamtdeckungsbeitrag der ermittelten optimalen Produktion? (3 Punkte)

Aufgabe 2 (10 min):
Von Rohstoff R1 wird auf der ersten Stufe einer Produktion jeweils 1 Einheit benötigt, um das Produkt P2 sowie das Zwischenprodukt Z3 herzustellen. Zugleich werden 2 Einheiten von R1 zum Zwischenprodukt Z4 verarbeitet. Auf einer zweiten Produktionsstufe wird aus 2 Einheiten von Z3, 3 Einheiten von Z4 und 2 Einheiten eines weiteren Rohstoffes R5 das Produkt P6 gefertigt.

a) Erstellen Sie den zugehörigen Gozinto-Graphen! Um welchen Erzeugnisstrukturtyp handelt es sich bei der ersten Produktionsstufe? Um welchen Erzeugnistyp handelt es sich bei der zweiten Produktionsstufe? (7 Punkte)

b) Von Faktor R1 sind nur 160 Einheiten beschaffbar. Es bietet sich die Möglichkeit, Zwischenprodukt Z4 zuzukaufen. Ändert sich durch eine Fremdbeschaffung die maximal herstellbare Produktionsmenge von Produkt P6 und wenn ja, um wie viele Mengeneinheiten? (3 Punkte)

Aufgabe 3 (25 min):
Das kleine Berliner Unternehmen ABM produziert seine beiden sehr erfolgreichen Produkte Peter!Box (DSL-Router) und Peter!Media (zur kabellosen Datenübertragung an den Fernseher).

Als Assistent der der Geschäftsführung haben sie die Planungsdaten für die nächste Geschäftsperiode zusammengetragen und von den zuständigen Abteilungen die folgenden Daten erhalten:

		Peter!Box	Peter!Media
Maximale Absatzmenge (Stk.)		1200	600
Produktions- kapazität (in min)	Funktechnik	6000	
	Gehäuse	7000	8000
	Endkontrolle	8400	
Absatzpreis (in €)		2000	1250
Variable Stückkosten (in €)		1800	1150

11

Die Gehäuse der beiden Geräte werden getrennt voneinander produziert, die Produktion der Funktechnik sowie die Endkontrolle erfolgt für beide Geräte in derselben Abteilung, die entsprechenden Kapazitäten können für beide Geräte gleichermaßen genutzt werden.

Um jeweils eines der Geräte produzieren zu können, werden folgende Zeiten für die einzelnen Schritte benötigt:

	Peter!Box	Peter!Media
Funktechnik	8 min	5 min
Gehäuse	10 min	10 min
Endkontrolle	6 min	12 min

Gehen Sie von folgenden Objektarten aus:

$j = 1$, Produktion Funktechnik (in min)
$j = 2$, Endkontrolle (in min)
$j = 3$, Gehäusefertigung Peter!Box (in min)
$j = 4$, Gehäusefertigung Peter!Media (in min)
$j = 5$, Peter!Box (in Stk.)
$j = 6$, Peter!Media (in Stk.)

Sie werden vom Geschäftsführer beauftragt, das mögliche Produktionsprogramm für die nächste Geschäftsperiode aufzustellen.

a) Stellen Sie das lineare Erfolgmodell auf! (10 Punkte)
b) Bestimmen Sie grafisch das Produktionsfeld und das deckungsbeitragsmaximale Erzeugnisprogramm! Kennzeichnen Sie eindeutig die einzelnen Restriktionen! (15 Punkte)

Klausur 7: Produktionstheorie (Hahn)

Aufgabe 1 (15 min):
Gegeben sei die folgende ertragsgesetzliche Produktionsfunktion
(Typ A):

$$x = -\frac{1}{6}v^3 + 2v^2$$

a) Skizzieren Sie in einem Koordinatensystem zunächst exemplarisch und allgemein (d.h. losgelöst von der angegebenen Gleichung) die Verläufe von Gesamtertrag, Grenzertrag und Durchschnittsertrag einer ertragsgesetzlichen Produktionsfunktion! (5 Punkte)
b) Erläutern Sie kurz das Ertragsgesetz anhand eines geeigneten Beispiels! (2 Punkte)
c) Berechnen Sie die Durchschnittsertragsfunktion sowie die Grenzertragsfunktion der angegebenen Funktion! (3 Punkte)
d) Ermitteln Sie für die Größen
   i. maximaler Gesamtertrag
   ii. maximaler Grenzertrag
   iii. maximaler Durchschnittsertrag
den jeweiligen Wert des variablen Einsatzfaktors „v". (5 Punkte)

Aufgabe 2 (15 min):
Zur Herstellung des Produkts „x" werden die zwei Faktoren 1 und 2 eingesetzt. Der Verbrauch dieser Faktoren ist abhängig von der Intensität ρ, mit der die zur Produktion notwendige Maschine betrieben wird. Die maximale Betriebszeit beträgt 10 Stunden pro Tag. Es gelten folgende produktspezifische Verbrauchsfunktionen der Faktoren:

$$a_{1,x} = 4 + 0,2\rho$$
$$a_{2,x} = 0,6\rho^2 - 4\rho + 10$$

a) Ermitteln Sie die kostenminimale Intensität bei folgender Kostenvorgabe der beiden Faktoren: $k_1 = 4$ und $k_2 = 2$! (3 Punkte)
b) Wie hoch ist die deckungsbeitragsmaximale Produktquantität bei dieser Intensität, wenn pro Produkteinheit ein Erlös von 30 Geld-

einheiten erzielbar ist? Welcher Deckungsbeitrag kann damit erzielt werden? (4 Punkte)

c) Reicht die kostenminimale Intensität zur Herstellung von 70 Produkteinheiten aus? Mit welcher Intensität/Zeit-Kombination würden Sie 70 Produkteinheiten produzieren? Welche Gesamtkosten entstehen dabei? (4 Punkte)

d) Sie haben die Möglichkeit, durch den Einsatz eines Leiharbeiters die Betriebszeit der Maschine um eine weitere Schicht auf insgesamt 20 Stunden zu erhöhen. Wie viel wären Sie insgesamt maximal bereit, für den Arbeiter zu zahlen, wenn weiterhin nur der Auftrag über 70 Produkteinheiten vorliegt? (Annahme: Außer den Lohnkosten entstehen keine zusätzlichen Kosten.) (4 Punkte)

Bitte erläutern Sie jedes Ihrer Ergebnisse in einem kurzen Antwortsatz!

Aufgabe 3 (15 min):

Gegeben sei folgende Produktionsfunktion:

$$x = 2v_1 v_2$$

a) Ermitteln Sie für diese Funktion grafisch die Minimalkostenkombination für x = 200, wenn für die Faktoren folgende Preise gelten: $p_1 = 2$; $p_2 = 4$ (Hinweis: Eine Wertetabelle für mindestens fünf selbst gewählte Punkte der Produktisoquante ist dabei obligatorisch)! (9 Punkte)

b) Ermitteln Sie die Minimalkostenkombination für die in a) genannten Werte nun auch analytisch. Welche Kosten entstehen danach bei der Realisation der Minimalkostenkombination? (6 Punkte)

Aufgabe 4 (15 min):

Die folgenden Gleichungen stellen Produktionsfunktionen zur Beschreibung von Produktionsprozessen bei ausschließlicher Betrachtung von Gütern dar:

i. $x = \dfrac{v_1 v_2}{2}$

ii. $x = 0{,}8v_1 + 2v_2$

iii. $2v_1^{1,25} = x; \; v_2 = 4x^{1,4}$

14

a) Untersuchen Sie, ob bei Vorgabe der Produktquantitäten für die Faktoren jeweils Limitationalität oder (totale oder partielle) Substitutionalität vorliegt und erläutern Sie kurz ihr Ergebnis! Erklären Sie dabei auch kurz, was unter Limitationalität und (totaler oder partieller) Substitutionalität zu verstehen ist. (9 Punkte)

b) Leiten Sie für jede der Gleichungen i. bis iii. die Isoquanten für x = 50 rechnerisch her! (6 Punkte)

Klausur 8: Personalwesen (Richter)

Aufgabe 1 (20 min):
a) Erläutern Sie, was man unter einer Unternehmenskultur versteht. (4 min)
b) Worin liegt der Unterschied zwischen der Unternehmenskultur und dem Betriebsklima eines Unternehmens? (4 min)
c) Nennen Sie 3 Vorteile einer starken Unternehmenskultur. (6 min)
d) Nennen Sie 3 Nachteile einer starken Unternehmenskultur. (6 min)

Aufgabe 2 (10 min):
a) Erläutern Sie, was man unter einem Einstellungsstopp versteht? (4 min)
b) Nennen Sie 2 Vor- und 2 Nachteile des Einsatzes eines Einstellungsstopps als Personalfreisetzungsmaßnahme. (6 min)

Aufgabe 3 (10 min):
a) Was versteht man unter einem Akkordlohn? (4 min)
b) Nennen Sie 2 Vor- und 2 Nachteile des Akkordlohns. (6 min)

Aufgabe 4 (20 min):
a) Was versteht man unter Personalmarketing? Gehen Sie dabei auch auf den Unterschied zwischen internem und externem Personalmarketing ein. (8 min)
b) Erläutern Sie 4 mögliche Instrumente des Personalmarketings, die ein Unternehmen einsetzen kann, um im War-for-Talents zu bestehen. (12 min)

Klausur 9: Organisationstheorie (Richter)

Aufgabe 1 (10 min):
a) Was versteht man unter der Leitungsspanne? (4 min)
b) Welche Faktoren nehmen Einfluss auf die Größe der Leitungsspanne? (6 min)

Aufgabe 2 (10 min):
a) Erläutern Sie die Grundzüge der Einlinienorganisation. (4 min)
b) Nennen Sie 2 Vor- und 2 Nachteile der Einlinienorganisation. (6 min)

Aufgabe 3 (10 min):
a) Erläutern Sie die Grundzüge der Mehrlinienorganisation. (4 min)
c) Nennen Sie 2 Vor- und 2 Nachteile der Mehrlinienorganisation. (6 min)

Aufgabe 4 (30 min):
a) Durch welche besonderen Eigenschaften zeichnet sich ein Projekt aus? (10 min)
b) Erläutern Sie 3 mögliche Formen der Projektorganisation. (15 min)
c) Nennen Sie mögliche Herausforderungen und Probleme einer Projektorganisation. (5 min)

Klausur 10: Unternehmensführung (Richter)

Aufgabe 1 (30 min):
Diskutieren Sie die Bedeutung und Funktionen von Zielen im Unternehmen.

Aufgabe 2 (30 min):
Diskutieren Sie die Chancen und Risiken der Internationalisierung mittelständischer Unternehmen und gehen Sie dabei auch auf mögliche Handlungsempfehlungen der Umsetzung ein.

Klausur 11: Investition und Finanzierung (Reiners)

Aufgabe 1 (44 Punkte):
Die Chemisana GmbH wurde vor 10 Jahren von zwei Freunden gegründet, die bis heute gemeinsam als geschäftsführende Gesellschafter aktiv sind. Seit der Gründung konnte sich die Unternehmung als Nischenanbieter auf dem Markt für chemische Speziallösungen erfolgreich etablieren. Sämtliche Kunden stammen aus der Biotechnologiebranche. Über das abgelaufene Geschäftsjahr sind die folgenden Informationen bekannt:

Chemisana GmbH, Köln

Bilanz zum 31.12.2009 (in Mio. €)

Aktiva	2008	2009	Passiva	2008	2009
Grundstücke und Gebäude	(14,5)	14,5	Gezeichnetes Kapital	(9,0)	9,0
			Kapitalrücklage	(10,2)	11,0
Technische Anlagen und Maschinen	(18,5)	21,0	Gewinnrücklage	(13,4)	13,8
Betriebs- und Geschäftsausstattung	(2,9)	3,3	Jahresüberschuss	(3,9)	7,0
			Pensionsrückstellungen	(9,0)	10,0
Vorräte	(12,1)	14,3	Sonstige Rückstellungen	(2,3)	3,0
Forderungen	(20,7)	26,6	Verbindlichkeiten aus Lieferungen und Leistungen	(10,8)	15,5
Kasse	(6,3)	10,4	Verbindlichkeiten ggü. Kreditinstituten	(15,2)	18,8
			Sonstige Verbindlichkeiten	(1,2)	2,0
	(75,0)	90,1		(75,0)	90,1

Gewinn- und Verlustrechnung (in Mio. €)

	Umsatzerlöse	102,0
-	Materialaufwand	34,6
-	Personalaufwand	50,7
-	Abschreibungen	5,7
+	Zuschreibungen	0,8
-	Zinsaufwand	4,8
=	Jahresüberschuss	7,0

a)   Berechnen und beurteilen Sie die Eigen- und Gesamtrentabilität der Chemisana GmbH für das Geschäftsjahr 2009! Wie schätzen Sie die Höhe der Fremdfinanzierungskosten ein? Welche Auswirkungen hat das auf den sog. leverage-Effekt? (17 Punkte)
b)   Ermitteln Sie den dynamischen Verschuldungsgrad unter der Annahme, dass die Gesellschafter aufgrund ihrer persönlichen Vermögenssituation eine Vollausschüttung des Jahresüberschusses aus 2009 vornehmen. (13 Punkte)
c)   Beide Gesellschafter erwarten auf mittlere Sicht für die Chemisana jährliche Wachstumsraten zwischen 20% und 40%. Welche Probleme ergeben sich aus dieser Prognose aus finanzwirtschaftlicher Sicht und welche Alternativen stehen zur Lösung zur Verfügung? (14 Punkte)

Aufgabe 2 (11 Punkte):
Die Vertrauensbank bietet ihren Privatkunden folgende Anlagemöglichkeit: Bei einem Anlagebetrag von 5.000 € und einem festgeschriebenen Nominalzins von 3,6% p.a. wirbt sie mit einer monatlichen Zinsermittlung und -gutschrift. Die Offerte hat eine Laufzeit von 5 Jahren und beginnt zum 01.12.2010.
1.   Wie hoch ist die Auszahlung am 01.12.2015 ? (3 Punkte)
2.   Welchen effektiven Jahreszins erhalten die Privatkunden bei dieser Anlagemöglichkeit? (3 Punkte)
3.   Bei welchem jährlichen Nominalzins erhält der Anleger bei sonst unveränderten Daten eine Steigerung seines Anlagebetrages um 25% (in 5 Jahren)? (5 Punkte)

Aufgabe 3 (5 Punkte):
Erläutern Sie die zentralen Prämissen des vollkommenen Kapitalmarktes!

Klausur 12: Investition und Finanzierung (Reiners)

Aufgabe 1: (35 Punkte)
Die Speedy AG hat für das letzte Geschäftsjahr folgende vorläufige Bilanz vorgelegt (Angaben in Mio. €):

Aktiva			**Bilanz zum 31.12.2009** (in Mio. €)	Passiva		
	2008	2009			2008	2009
Anlagevermögen				**Eigenkapital**		
Immaterielles				Gezeichnetes Kapital	(250)	250
Vermögen	(5)	5		Kapitalrücklage	(80)	80
Sachanlage-	(783)	730				
vermögen				Gewinnrücklage	(24)	30
Finanzanlagen	(111)	116		Jahresüberschuss	(12)	20
Umlaufvermögen				**Fremdkapital**		
Forderungen	(30)	50		Pensionsrückstellungen	(172)	179
Sonstiges				Sonstige Rückstellungen		
Umlaufvermögen	(121)	169			(14)	14
				Verbindlichkeiten	(498)	497
(1.050)		1.070		(1.050)		1.070

Darüber hinaus sind einige weitere Informationen zum abgelaufenen Geschäftsjahr bekannt. Im Anlage- und Finanzvermögen wurden ausschließlich Neuinvestitionen in Maschinen in Höhe von 25 Mio. € getätigt. Die Umsatzerlöse von 709 Mio. € konnten bis auf 20 Mio. € auch eingenommen werden; desweiteren waren sonstige Einnahmen in Höhe von 20 Mio. € zu verzeichnen. In der Gewinn- und Verlustrechnung wird beim Materialaufwand ein Wert von 295 Mio. € ausgewiesen, obwohl lediglich 260 Mio. € für beschafftes Material ausgegeben wurde, wobei in beiden Werten die Neuinvestition der Maschine noch nicht enthalten ist. Die Personalausgaben von 320 Mio. € wurden ebenso wie die sonstigen Ausgaben von 14 Mio. € im Jahr 2009 ausgezahlt. Im Umlaufvermögen wurden 2009 weder Zu-

21

noch Abschreibungen vorgenommen. Die Ausschüttungsquote für 2009 beträgt 75%.

a) Ermitteln Sie den Cash Flow der Speedy AG für das Jahr 2009 mit der vereinfachten indirekten Methode! (9 Punkte)

b) Erläutern Sie den Aussagegehalt des Cash Flows und zeigen Sie auf, inwieweit der Cash Flow den „dynamischen Verschuldungsgrad" beeinflusst! (7 Punkte)

c) Aufgrund des hohen Fremdkapitalanteils bei der Finanzierung wünscht der Vorstand eine Reduzierung des Verschuldungsgrades. Bestimmen Sie hierzu die am 1.1.2010 verfügbaren Mittel zur Kredittilgung mit Hilfe einer Einnahmen-Ausgaben-Gegenüberstellung. (6 Punkte)

d) Wodurch kann die Speedy AG kurzfristig den zur Kredittilgung verfügbaren Betrag erhöhen? (6 Punkte)

e) Worauf beruhen die Differenzen zwischen dem Cash Flow und dem unter c) berechneten Betrag? Stellen Sie eine Überleitungsrechnung zwischen beiden Größen auf! (7 Punkte)

Aufgabe 2: (13 Punkte)

a) Harald Investor hat 25.000 $, die er möglichst gewinnbringend für 4 Jahre anlegen möchte. Er rechnet mit einem Kalkulationszins von 7% und hat folgende Alternativen:

i) Festgeldanlage in Neuseeland zu 11%;

ii) Anlage mit jährlichen Rückflüssen von 8.600 $ am Jahresende;

iii) Anlage mit fixierten Rückzahlungen in folgender Höhe:
6.000 $ am Ende des ersten Jahres
12.000 $ am Ende des zweiten Jahres
11.000 $ am Ende des dritten Jahres
5.000 $ am Ende des vierten Jahres

iv) Anlage, die am 1.1. und 1.7. eines jeden Jahres 4.100 $ erbringt.

Welche Alternative ist für Harald Investor die günstigste? (11 Punkte)

b) Wie hoch ist die Rentabilität bei der günstigsten Anlageform? (2 Punkte)

Aufgabe 3: (12 Punkte)

Stellen Sie die direkten und indirekten Vor- und Nachteile eines Börsenganges aus Sicht der Unternehmung gegenüber!

Klausur 13: Kosten- und Leistungsrechnung
(Winkler)

Die Trööt AG produziert im Gründungsjahr 2010 einen Fanartikel für die Weltmeisterschaft der für Stimmung sorgt. Die trompetenförmige Tröte trägt den Namen *Letatata* und ist eine leicht veränderte Variante des traditionellen südafrikanischen Instruments *Vuvuzela*.
Von dem Produkt Letatata wurden im Jahr 2010 insgesamt 240.000 Stück hergestellt, die aufgrund einer Antilärm-Initiative der FIFA nur zu 80% abgesetzt werden konnten. Insgesamt fielen für die Produktion Materialkosten in Höhe von 84.000 € an. Die Herstellung erfolgt in einem zweistufigen Prozess. Zuerst wird das Rohmaterial in einem Hochofen geschmolzen und dann flüssig in Form gegossen. Die Kostenstellenrechnung weist für den Hochofen 120.000 € und für die Formpresse 300.000 € aus. Darüber hinaus wurden noch 230.400 € für Verwaltungs- und Vertriebsgemeinkosten erfasst.

Aufgabe 1 (5 Min.):
Nennen Sie die Aufgaben der Kalkulation.

Aufgabe 2 (10 Min.):
Nennen Sie die unterschiedlichen Kalkulationsverfahren.

Aufgabe 3 (15 Min.):
Erläutern Sie das Grundprinzip sowie die unterschiedlichen Verfahren der Divisionskalkulation!

Aufgabe 4 (10 Min.):
Erläutern Sie die Begriffe Herstellkosten und Selbstkosten.

Aufgabe 5 (20 Min.):
Ermitteln Sie die Herstell- und Selbstkosten pro Stück. Bewerten Sie den Lagerbestand.

Klausur 14: Controlling (Mindermann/Winkler)

Aufgabe 1 (8 min):
Erläutern Sie die Begriffe „variable Kosten", „Fixkosten", „Einzelkosten" und „Gemeinkosten".

Aufgabe 2 (32 min):
Die Brause GmbH stellt Bilderrahmen her. Die variablen Kosten pro Stück betragen 28 Euro, die monatlichen fixen Kosten 150.000 Euro. Der durchschnittliche Absatzpreis liegt bei 65 Euro pro Stück.

a) Erläutern Sie die Grundlagen der Break-Even-Analyse. (5 Punkte)

b) Wie hoch sind Deckungsbeitrag und Betriebsergebnis des Monats, wenn im Monat 5.000 Stück abgesetzt werden? Wie hoch ist die Umsatzrentabilität dieser Fertigungslinie? (5 Punkte)

c) Berechnen Sie den Break-even-Punkt. Wie hoch sind die entsprechenden Erlöse? (2 Punkte)

d) Die Brause GmbH will einen Gewinn von 8 % auf die Kosten erreichen. Wie lautet der entsprechende Break-even-Punkt? Wie hoch sind die entsprechenden Erlöse? (5 Punkte)

e) Welchen Gewinn erzielt die Brause AG bei einem Monatsdeckungsbeitrag von 180.000 Euro? Wie hoch sind die entsprechenden Erlöse? (5 Punkte)

f) Welcher Break-even-Punkt liefert eine Umsatzrentabilität von 5%? Wie hoch sind die entsprechenden Erlöse? (5 Punkte)

g) Wie hoch muss der Absatzpreis pro Stück mindestens sein, damit der Break-even-Umsatz höchstens 276.500 Euro im Monat beträgt? (5 Punkte)

Aufgabe 3 (20 min):
Die Willy Brause-Multimedia AG plant die Herstellung einer neuen Multimedia-Anlage. Mit Hilfe der Marktforschung wurden die jeweiligen Bedeutungen der Produktfunktionen aus Sicht potenzieller Kunden ermittelt:

- Bedingungskomfort (F1): 10%
- Klang (F2): 30%
- Bildauflösung (F3): 15%
- Preiswürdigkeit (F4): 20%
- Design (F5): 25%

Die Multimedia-Anlage besteht aus folgenden Produktkomponenten:
- Monitor (K1)
- DVD-Player (K2)
- Verstärker (K3)
- Internetanschluss (K4)
- Computer (K5)

Zwischen den Produktkomponenten und den aus Kundensicht wahrgenommenen Produktfunktionen wurden mit Hilfe der Marktforschung folgende Zusammenhänge ermittelt:

	F1	F2	F3	F4	F5
K1	30%	10%	30%	20%	55%
K2	40%	30%	10%	30%	10%
K3	15%	35%	30%	20%	20%
K4	5%	15%	15%	10%	10%
K5	10%	10%	15%	20%	5%

Mit Hilfe der Plankostenrechnung sind vorläufige Selbstkosten i.H.v. 600 € pro Anlage ermittelt worden, die sich wie folgt auf die Komponenten verteilen:

K1:   175 €
K2:   100 €
K3:   50 €
K4:   25 €
K5   250 €

Allerdings liegen die angesetzten Zielkosten bei 500 €. Welche Einsparungsmöglichkeiten ergeben sich auf der Ebene der Produktkomponenten?

Klausur 15: Externes Rechnungswesen (Minder-mann)

Aufgabe 1 (6 min.):
Erläutern Sie kurz die Unterschiede zwischen dem Gesamtkosten- und dem Umsatzkostenverfahren.

Aufgabe 2 (14 min.):
Die Willy Brause AG hat für das Geschäftsjahr 01 folgende Gewinn- und Verlustrechnung (in T€) aufgestellt.

Gewinn- und Verlustrechnung 01	(in T€)
Umsatzerlöse	8.500
Materialaufwand	1.100
Personalaufwand	2.500
Abschreibungen	2.200
Sonstige betriebliche Erträge	400
Sonstige betriebliche Aufwendungen	800
Außerordentliche Erträge	400
Außerordentliche Aufwendungen	300
Zinserträge	100
Zinsaufwendungen	200
Jahresüberschuss	**2.300**

In den Personalaufwendungen sind 1.000 T€ für Pensionsrückstellungen enthalten.

Berechnen Sie den Cash-Flow nach der indirekten und der direkten Methode.

Aufgabe 3 (10 min):
Die Anschaffungskosten einer am 01.01.01 erworbenen Maschine mit zehnjähriger Nutzungsdauer betragen 1.000.000 €. Am 31.12.02 ist der beizulegende Wert auf 360.000 € gesunken.
Wie ist am 31.12.01 und am 31.12.02 zu bilanzieren?

Aufgabe 4 (6 min):
Die Pleite AG befindet sich in einer schlechten Ertrags- und Liquiditätslage. Oberstes bilanzpolitisches Ziel der Unternehmensführung ist es daher, die Ertrags-und Liquiditätslage zu verbessern. Nennen Sie zwei Maßnahmen, die sowohl die Ertrags- als auch Liquiditätslage verbessern.

Aufgabe 5 (24 min):
Unternehmer Willy Brause schließt am 01.6.01 einen Kaufvertrag über ein Bürogebäude ab. Der Übergang von Nutzen und Lasten ist der 01.08.01. Der Kaufpreis beträgt 500.000 € und entfällt zu 20% auf den Grund und Boden. Die Notargebühren betragen 1.250 €. Die Grunderwerbsteuer beläuft sich auf 3,5% des Kaufpreises.
Die Umsatzsteuer ist zu vernachlässigen. Das Gebäude wird mit drei Prozent jährlich abgeschrieben. Am 01.07.02 wird ein Anbau fertig gestellt, der zu nachträglichen Herstellungskosten in Höhe von 100.000 € führt.
Wie ist das Gebäude und der Grund und Boden in 01 und 02 zu bilanzieren?

Klausur 16: Konzernrechnungslegung (Mindermann)

Aufgabe 1 (42 min):
Die Schnell GmbH mit Sitz in Deutschland ist ein in der Automobil-produktion tätiges Unternehmen. Die 650 Mitarbeiter der Schnell GmbH erwirtschafteten im Jahr 05 einen Umsatz von 780 Mio € und einen Jahresüberschuss von 134 Mio €. Zum Bilanzstichtag am 31.12.05 war die Schnell GmbH an folgenden Unternehmen beteiligt:

(1) Die Schnell GmbH ist seit der Periode 01 an der Pleite GmbH mit 80 % beteiligt. Im Mai 05 wurde über das Vermögen der Pleite GmbH das Insolvenzverfahren eröffnet.

(2) Im Januar 01 erwarb die Schnell GmbH 70 % der Anteile an der Motor AG, allerdings handelt es sich nur bei 1/7 der Anteile um stimmberechtigte Aktien. Die Geschäftspolitik der Motor AG wird maßgeblich von der konzernfremden Power GmbH bestimmt, welche die restlichen 30 % der Anteile, die vollständig stimmberechtigt sind, hält.

(3) Die Schnell GmbH ist seit der Periode 01 an der Driver AG mit 60 % beteiligt. Aufgrund veränderter Wettbewerbssituationen in 05 beschließt der Vorstand der Schnell GmbH, die Anteile an der Driver AG in 06 vollständig zu veräußern.

(4) Seit 02 ist die Schnell GmbH mit 100 % an der Rabatt-Leasing GmbH beteiligt. Die Rabatt-Leasing GmbH ist nicht in der Automobilproduktion tätig, sondern übernimmt die komplette Absatzfinanzierung der Fahrzeuge der Schnell GmbH.

(5) Weiterhin ist die Schnell GmbH mit 40 % an der Raser AG beteiligt. Seit Gründung der Raser AG in 02 nimmt die Schnell GmbH das ihr im Rahmen des Anteilserwerbs vertraglich zugesicherte Recht wahr, 2/3 der Vorstandsmitglieder zu bestellen.

(6) Gemeinsam mit der Autocar AG, einem inländischen Wettbewerber, hat die Schnell GmbH in 05 die Tuning AG gegründet, die neue Rennstreckenmotoren entwickelt. Sowohl die Schnell GmbH als auch die Autocar AG halten 50 % der stimmberechtigten Anteile an der Tuning AG; vertraglich ist geregelt, dass die Geschäftsführung der Tuning AG von beiden Unternehmen gemeinsam und gleichberechtigt ausgeübt wird.

Wie sind die Sachverhalte (1) bis (6) im Rahmen eines Konzernabschlusses nach HGB und IFRS zu behandeln?

28

Aufgabe 2 (18 min):
Die Homer-GmbH liefert in 01 an das Mutterunternehmen Burns-AG 75 Maschinen. Der Verkaufspreis beträgt 15.000 Euro pro Stück und die Herstellungskosten belaufen sich auf 9.000 Euro pro Stück. In 01 wurden 50 dieser Maschinen von der Burns-AG für jeweils 18.750 Euro an fremde Dritte weiterverkauft. 15 Maschinen liegen am Bilanzstichtag noch bei der Burns-AG auf Lager; ihr kurzfristiger Verkauf ist beabsichtigt. Die restlichen 10 Maschinen wurden von der Burns-AG ins Anlagevermögen überführt.
Weiterhin baute die Homer-GmbH in 01 eine neue Produktions-anlage. Im Zuge der Bauplanungen wurde die Homer-GmbH im Januar 01 von Mitarbeitern der Burns-AG beraten. Zur Kosten-erstattung zahlte die Homer-GmbH 12.000 Euro an die Burns-AG und aktivierte diese Kosten.
Wie wirken sich diese Sachverhalte auf die Konzern-GuV aus?

Klausur 17: Konzernrechnungslegung (Mindermann)

Aufgabe 1:
Die Brauerei „Alt-AG" ist an der Tochtergesellschaft „Kölsch-GmbH" zu 45% beteiligt. Die Bestimmung als Tochtergesellschaft ergibt sich aufgrund eines Beherrschungsvertrages. Die stillen Reserven im Anlagevermögen der Tochtergesellschaft „Kölsch-GmbH" betragen 150 T€. Die Tochtergesellschaft „Kölsch-GmbH" hat in der Abrechnungsperiode an die Muttergesellschaft „Alt-AG" Waren geliefert, die aus Sicht des Konzerns als einheitliches Unternehmen zu eliminierende Gewinne in Höhe von 100 T€ enthalten. Die gelieferten Waren sind am Konzernbilanzstichtag noch nicht verkauft worden. Die Forderungen der „Alt-AG" enthalten Forderungen gegenüber der „Kölsch-GmbH" in Höhe von 200 T€, die bei der „Kölsch-GmbH" in gleicher Höhe als Verbindlichkeiten erfasst sind. Die Bilanzen der beiden Gesellschaften enthalten zum 31.12.01 folgende Beträge:

Bilanz der Muttergesellschaft „Alt-AG" [in T€]			
Aktiva			**Passiva**
Anlagevermögen	2.000	Gez. Kapital	2.000
Beteiligung	1.000	Kapitalrücklagen	600
Vorräte	800	Gewinnrücklagen	600
Forderungen	900	Bilanzgewinn	400
		Verbindlichkeiten	1.100
	4.700		4.700

Bilanz der Tochtergesellschaft „Kölsch-GmbH" [in T€]			
Aktiva			**Passiva**
Anlagevermögen	1.440	Gez. Kapital	1.000
Vorräte	600	Kapitalrücklagen	300
Forderungen	760	Gewinnrücklagen	300
		Bilanzgewinn	200
		Verbindlichkeiten	1.000
	2.800		2.800

Erstellen Sie die Konzernbilanz!

Aufgabe 2 (30 min):
Die Groß-AG ist an den Tochtergesellschaften Klein-AG und Kurz-GmbH, zu 100 % beteiligt. Im abgelaufenen Geschäftsjahr haben folgende Geschäftsvorfälle stattgefunden:

a) Die Klein AG hat von einem Lieferanten Grundmaterialien im Wert von 200 € bezogen und diese nach Überarbeitung, bei der direkt zurechenbare Personalkosten i.h.v. 50 € anfielen, an die Kurz-GmbH zu einem Preis von 300 € verkauft.

b) Die Kurz-GmbH hat für den Verkauf bestimmte Fertigerzeugnisse produziert. Dabei sind direkt zurechenbare Materialaufwendungen i.H.v. 500 € und direkt zurechenbare Personalaufwendungen i.H.v. 200 € angefallen. Die Stahlrohre wurden an die Groß-AG geliefert, welche die Lagerung und den endgültigen Vertrieb vornimmt, zum Preis von 700 € verkauft.

c) Die Kurz-GmbH hat weiterhin am Markt 10 Fertigerzeugnisse zum Preis von 100 € erworben. Die Klein-AG ist ebenfalls in den Vertrieb besagter Fertigerzeugnisse involviert und hat einen Großkunden, der dringend 5 Fertigerzeugnisse benötigt. Die Klein-AG kann aber nach einem erfolgreichen Geschäftsjahr aus ihrem Lager nicht mehr liefern. Die Kurz-GmbH hilft durch eine Lieferung von 5 Fertigerzeugnissen an die Klein-AG für Zwecke des Weiterverkaufs aus. Dabei berechnet die Kurz-GmbH ihrem Schwesterunternehmen 75 €.

d) Die Klein-AG möchte ihre Kompetenzen um Kenntnisse in der Produktion erweitern und erhält dafür Schulungen von Ingenieuren der Kurz-GmbH. Die Gehälter der Ingenieure in Höhe von 75 € stellt die Kurz-GmbH dem Schwesterunternehmen in Rechnung. Die Schulung gehört nicht zu den für die gewöhnliche Geschäftstätigkeit der Kurz-GmbH typischen Dienstleistungen.

e) Die Klein-AG hat ein Verfahren zur umweltschonenden Stahlrohrproduktion patentieren lassen und verkauft dieses Patent zu einem Preis von 75 € an die Kurz-GmbH, welche dieses Patent als immateriellen Vermögensgegenstand aktiviert. Bei den Entwicklungstätigkeiten waren der Klein-AG direkt zurechenbare Personalaufwendungen und direkt zurechenbare Materialaufwendungen in Höhe von jeweils 25 € entstanden. Nach der Konzernrichtlinie der Groß-AG werden selbst erstellte immaterielle Vermögensgegenstände des Anlagevermögens nicht aktiviert.

Wie sind die Sachverhalte im Rahmen der Aufwands- und Ertragskonsolidierung zu berücksichtigen? Geben Sie die Buchungssätze sowohl für das Gesamt- als auch für das Umsatzkostenverfahren an.

Klausur 18: Internationale Rechnungslegung
(Müller)

Aufgabe 1 (26 min):

Sie waren Studierender an der Technischen Universität Ilmenau und haben sich nach Ihrem Studium bei einem anerkannten Beratungsunternehmen, welches sich auf die konzeptionelle Entwicklung von IFRS-Jahresabschlüssen von Risikokapitalgebern spezialisiert, beworben.

a) Als angehender Mitarbeiter des Beratungsunternehmens sind Sie unter anderem für die Erstellung eines IFRS-konformen Jahresabschlusses für einen Kunden verantwortlich. Der Kunde unterliegt dem deutschen Steuerrecht. Aufgrund der vorzufindenden Differenzen zwischen dem steuerlichen und dem IFRS-Ergebnis hat das von Ihnen betraute Unternehmen bei der Erstellung des IFRS-Jahresabschlusses latente Steuern zu berücksichtigen. Erläutern Sie kurz die drei Arten von Gewinnunterschieden, auf die die Differenzen zwischen beiden Rechenwerken zurückzuführen sind. Nennen Sie darüber hinaus ein Beispiel für jede Art von Gewinnunterschieden. Welche Differenzen erweisen sich für die Rechnungslegung nach IFRS und nach HGB als relevant? Wie heißt die den IFRS zugrunde gelegte Konzeption und ist diese deckungsgleich mit der Konzeption nach HGB? (Zusatzpunkt: Welche Differenzen erwiesen sich nach dem HGB bis zum Geschäftsjahr 2009 als relevant?) (10 Punkte)

b) Das von Ihnen betreute Unternehmen hat Sachanlagen am 01.01.2011 erworben. Diese weisen eine Nutzungsdauer von 5 Jahren auf. Am 31.12.2011 werden diese in der Steuerbilanz mit EUR 80.000 angesetzt. Für die Folgebewertung verwenden Sie die Neubewertungsmethode. Letztere begründet zum 31.12.2011 eine Zuschreibung des Sachanlagevermögens des von Ihnen betreuten Unternehmens in der IFRS-Bilanz auf EUR 120.000. In den Folgejahren findet sowohl nach Steuerrecht als auch nach IFRS eine planmäßige Abschreibung statt. Darüber hinaus und losgelöst von den Sachanlagen weisen Sie im Rahmen der Langfristfertigung aufgrund der Verwendung der Percentage-of-Completion-Method zum 31.12.2011 einen zusätzlichen Gewinn in Höhe von EUR 30.000 aus. Selbiger wird nach dem deutschen Steuerrecht nicht erfasst. Auch im Folgejahr weisen Sie einen Gewinn in Höhe von EUR 30.000 aus. Dieser ist ebenfalls auf die Percentage-of-Completion-Method zurückzuführen. Die Übergabe der von Ihnen im Rahmen der Langfristfertigung produzierten Anlage erfolgt am 01.01.2013. In diesem Jahr wird der Gewinn steuerlich erfasst. Der aktuelle Steuersatz Ihres Unternehmens beträgt 40 %. Zeigen Sie die Differenzen zwischen IFRS- und Steuergewinn für die Jahre 2011 bis 2015 auf und bilden Sie entsprechend der obigen Sachverhalte aktive und/oder passive latente Steuern. (10 Punkte)

Geben Sie zudem an, unter welchen Bedingungen ein Ansatz aktiver latenter Steuern möglich ist. (6 Punkte)

Aufgabe 2 (14 min):
Sie konnten die Aufgaben der Geschäftsführung zur vollsten Zufriedenheit lösen und die persönliche Komponente hat ebenfalls überzeugt, weshalb Sie nun Ihren ersten Tag als Junior Consultant haben. Sie werden sofort mit der Frage eines Kunden konfrontiert, welche er Ihnen binnen zwei Stunden am Telefon erklärt. Sie haben die Aufgabe, ihm eine Email mit Lösungsvorschlägen zu schicken. Machen Sie dort die Konsequenzen Ihres Lösungsvorschlages deutlich.
Der Kunde hat folgende Frage: Er hat am 01.01.2008 eine Produktionsanlage mit einer Gesamtnutzungsdauer von 10 Jahren für EUR 1 Mio. (netto) gegen Barzahlung erworben. Diese Anlage besteht aus vier Bestandteilen. Die Nutzungsdauern und die Anschaffungskosten für diese Bestandteile finden Sie in der folgenden Tabelle.

Bestandteil	Nutzungsdauer	Anschaffungskosten
1	10 Jahre	EUR 40.000
2	5 Jahre	EUR 200.000
3	5 Jahre	EUR 500.000
4	2 Jahre	EUR 260.000

Der Kunde möchte eine periodengerechte Darstellung der Aufwendungen über die Nutzungsdauer erreichen. Stellen Sie ihm das Vorgehen hinsichtlich der Aufwendungen (Abschreibungen und zusätzliche Aufwendungen) in den Perioden nach HGB und nach IFRS vor. (Keine Berücksichtigung von Steuern) (14 Punkte)

Aufgabe 3 (20 min):
Glücklicherweise immer noch im Berufsleben – Senior Consultant

a) Nach fünf Monaten im Unternehmen haben Sie sich mal wieder selbst übertroffen, weshalb Sie zum Senior Consultant aufgestiegen sind. Ihr neuer Kunde fertigt Offshore-Windanlagen vor der deutschen Ostseeküste und ist der Meinung, dass die Bilanzierung nach HGB kein den tatsächlichen Verhältnissen entsprechendes Bild der Vermögens-, Finanz- und Ertragslage widerspiegelt.

Zur Lösung seines Problems erläutern Sie Ihrem Kunden zuvor, was Fertigungsaufträge sind, welche Methoden die IFRS für diese vorsehen und wie der Fertigstellungsgrad ermittelt werden kann. Bitte erläutern Sie ihm diese Methoden auch in Sätzen. Nennen Sie zudem die Voraussetzungen für eine verlässliche Bewertung bei Festpreis- und bei Kostenzuschlagsverträgen. Ihr Kunde überlegt, welche Vertragsart (Festpreis- oder Kostenzuschlagsvertrag) für ihn als Auftragnehmer am sinnvollsten wäre. Geben Sie ihm hierzu ebenfalls eine Antwort. (11 Punkte)

b) Ihr Kunde möchte (unabhängig von Ihrer Empfehlung) das Kostenzuschlagsverfahren anwenden. Stellen Sie Ihm die Bilanzierung seines Sachverhaltes nach IFRS dar. (9 Punkte)

Baubeginn der Offshore-Windanlage:	01.01.2009
Fertigstellung der Offshore-Windanlage:	30.06.2011
Kostenzuschlagssatz (Gewinnzuschlag):	25%
Kosten je Windrad (Stand 01.01.2009):	1.000.000 Euro
Kostensteigerung pro Jahr zum 01.01. eines Jahres auf Basis des jeweiligen Vorjahres:	10%
Windräder:	200 Stück
Produktionsplan:	2009 = 20 Stück
	2010 = 80 Stück
	2011 = 100 Stück

Klausur 19: Betriebswirtschaftliches Steuerwesen
(Walther)

Aufgabe 1 (15 min):
Entscheiden Sie, ob es sich bei den folgenden Aussagen um inhaltlich richtige oder falsche Aussagen handelt. Kreuzen Sie dies bitte an der entsprechenden Stelle an. Im Falle unzutreffender Aussagen berichtigen Sie diese bitte.

a) Steuern können nach der Ertragshoheit, der Überwälzbarkeit und dem Gegenstand der Besteuerung eingeteilt werden, danach sind die Gewerbesteuer und die Grundsteuer Gemeindesteuern, direkte Steuern und Realsteuern.
Richtig: Falsch:

b) Selbständig Tätige im Sinne des § 18 EStG, die freiwillig Bücher führen, ermitteln ihren Gewinn durch Betriebsvermögensvergleich nach § 4 Abs. 1 EStG.
Richtig: Falsch:

c) Beim Verkauf eines im Privatvermögen gehaltenen Cabrios am 17.03.2010 (Anschaffung am 06.03.2009) mit einem Veräußerungsgewinn in Höhe von 602,00 Euro handelt es sich um ein steuerpflichtiges privates Veräußerungsgeschäft.
Richtig: Falsch:

d) Bei der Gewinnermittlung durch Betriebsvermögensvergleich basiert die Periodenzurechnung auf dem Zufluss-Abfluss-Prinzip, das heißt, es werden pagatorische Größen gegenübergestellt, welche grundsätzlich im Zahlungszeitpunkt erfasst werden.
Richtig: Falsch:

e)   Sondervergütungen im Sinne des § 15 Abs. 1 Nr. 2 EStG werden im Sonderbereich des jeweiligen Mitunternehmers sowie in der Gesamthandsbilanz gewinnerhöhend erfasst.

Richtig: [ ]   Falsch: [ ]

f)   Mit der Unternehmensteuerreform 2008 wurde der Arbeitnehmer-Pauschbetrag abgeschafft.

Richtig: [ ]   Falsch: [ ]

g)   Die seit 01.01.2009 gültige Abgeltungsteuer wird an der Quelle erhoben und als Kapitalertragsteuer an den Fiskus abgeführt.

Richtig: [ ]   Falsch: [ ]

h)   Seit dem Jahr 2008 ist die Gewerbesteuer nur noch von sich selbst, nicht aber von der Körperschaftsteuer abzugsfähig.

Richtig: [ ]   Falsch: [ ]

i)   Eine Kapitalgesellschaft, deren Geschäftsbetrieb nur im Vermieten von Häusern besteht, erzielt Einkünfte aus Vermietung und Verpachtung.

Richtig: [ ]   Falsch: [ ]

Aufgabe 2 (25 min):
Das konfessions- und kinderlose Ehepaar Lars (42 Jahre alt) und Carola Hellmuth (39 Jahre alt) hat seinen Wohnsitz in Greifswald. Herr Hellmuth betreibt in der Nähe von Greifswald einen Gartenmarkt und ermittelt den Gewinn anhand einer Steuerbilanz. Das Betriebsvermögen betrug am 31.12.2010 250.000,00 Euro. Für den Teich in seinem privaten Garten hat Herr Hellmuth im Jahr 2010 Baumaterialien im Wert von 20.000,00 Euro aus dem Gartenmarkt entnommen. Die Rechnung für eine Sanierung des Verkaufsleiterbüros im Jahr 2010 in Höhe von 13.000,00 Euro zahlte Herr Hellmuth bar aus seinen privaten Mitteln. Das Reinvermögen laut Inventur zum 31.12.2009 betrug 170.000,00 Euro. Herr Hellmuth

schreibt außerdem im Rahmen einer freiberuflichen Tätigkeit journalistische Beiträge für das Magazin „Gärtner und Heimwerker". Aus dieser Tätigkeit erhielt er im Jahr 2010 ein Honorar in Höhe von 8.000,00 Euro vom GuH – Verlag Frankfurt. Im Zusammenhang mit dieser Tätigkeit sind abzugsfähige Aufwendungen in Höhe von 1.200,00 Euro entstanden. Herr Hellmuth setzt seit Jahren beim Pferderennen auf das Pferd „Carlos" und bekam aufgrund des Sieges von „Carlos" im Jahr 2010 aus der Wettkasse 1.000,00 Euro ausgezahlt. Sein Wetteinsatz im Jahr 2010 betrug 150,00 Euro.

Frau Carola Hellmuth arbeitet als Aushilfe in einer Steuerkanzlei und erhält hierfür ein Gehalt in Höhe von 10.000,00 Euro pro Jahr. Sie besitzt eine 60 m²-Eigentumswohnung in Greifswald, welche sie schon seit dem Jahr 2004 an zwei Studenten vermietet. Aus der Vermietung der Wohnung erzielt sie Einnahmen in Höhe von insgesamt 450,00 Euro pro Monat. Laut Mietvertrag sind die Mieten der Studenten in Höhe von jeweils 225,00 Euro zum 1. eines jeden Monats fällig. Student Rührig zahlt die Miete für die Monate Januar bis März 2011 in Höhe von insgesamt 675,00 Euro im Voraus per Überweisung auf das Konto von Frau Hellmuth (Gutschrift am 14.12.2010). Student Sorglos bezahlt die Miete für Dezember 2010 in Höhe von 225,00 Euro erst am 08.01.2011 bar an Frau Hellmuth. Im Zusammenhang mit der Vermietung macht Frau Hellmuth die an die finanzierende Greifswalder Bank jährlich zu zahlenden Zinsen in Höhe von 250,00 Euro und weitere Werbungskosten in Höhe von 1.150,00 Euro geltend.

a) Ermitteln Sie bitte die vom Ehepaar Hellmuth zu zahlende Einkommensteuer im Jahr 2010 bei getrennter Veranlagung. (18 Punkte)

b) Ermitteln Sie bitte die vom Ehepaar Hellmuth zu zahlende Einkommensteuer im Jahr 2010 bei Zusammenveranlagung. (5 Punkte)

c) Das Ehepaar Hellmuth wurde bisher zusammen veranlagt. Bitte geben Sie, abgeleitet aus den Aufgaben a) und b) einen rechnerisch begründeten Hinweis auf die unter gegebenen Voraussetzungen des § 26 EStG günstigste Veranlagungsoption im Jahr 2010. (2 Punkte)

Aufgabe 3 (20 min):
Die Greifswalder-Fährschiff-GmbH hat in 2010 einen Handelsbilanzgewinn in Höhe von 1.000.000,00 Euro vor Gewerbesteuer und vor Körperschaftsteuer. In ihm enthalten sind eine Drohverlustrückstellung in Höhe von 100.000,00 Euro sowie Aufsichtsratsvergütungen in Höhe von 25.000,00 Euro. Die gewerbesteuerlichen Kürzungen betragen 2.000,00 Euro. Die GmbH hat keine Steuervorauszahlungen geleistet. Der Hebesatz der Gemeinde beträgt 395%.

a) Ermitteln Sie die Körperschaftsteuer- sowie die Gewerbesteuerschuld der Greifswalder-Fährschiff-GmbH für den Veranlagungszeitraum 2010. (12 Punkte)

b) Alleinige Gesellschafterin der Greifswalder-Fährschiff-GmbH ist die Stralsunder-Fischerboot-GmbH. Berechnen Sie die maximale Dividende, die die Greifswalder-Fährschiff-GmbH an die Stralsunder-Fischerboot-GmbH ausschütten kann. (4 Punkte)

c) Erläutern Sie **verbal** die steuerliche Behandlung der Ausschüttung bei der Stralsunder-Fischerboot-GmbH. (4 Punkte)

Klausur 20: Betriebswirtschaftliches Steuerwesen
(Walther)

Aufgabe 1 (10 min):

Entscheiden Sie, ob es sich bei den folgenden Aussagen um inhaltlich richtige oder falsche Aussagen handelt. Kreuzen Sie dies bitte an der entsprechenden Stelle an. Im Falle unzutreffender Aussagen berichtigen Sie diese bitte. (10 Punkte)

a) Gewerbetreibende, die weder einer steuerlichen Buchführungspflicht unterliegen noch freiwillig Bücher führen, ermitteln ihren Gewinn als Überschuss der Betriebseinnahmen über die Betriebsausgaben.
Richtig: ☐   Falsch: ☐

b) Die Körperschaftsteuer ist eine direkte Steuer, weil sie unmittelbar die wirtschaftliche Leistungsfähigkeit einer juristischen Person erfasst.
Richtig: ☐   Falsch: ☐

c) Gewinne aus privaten Grundstücksveräußerungsgeschäften bleiben steuerfrei, wenn der Zeitraum zwischen Anschaffung und Veräußerung nicht mehr als zehn Jahre beträgt.
Richtig: ☐   Falsch: ☐

d) Gesellschafter einer Kapitalgesellschaft können Gewerbesteuer nach § 35 EStG auf ihre Einkommensteuer anrechnen.
Richtig: ☐   Falsch: ☐

e) Bei der Gewinnermittlung durch Betriebsvermögensvergleich basiert die Periodenzurechnung auf dem Zufluss-Abfluss-Prinzip, das heißt es werden pagatorische Größen gegenübergestellt, welche grundsätzlich im Zahlungszeitpunkt erfasst werden.

Richtig: ☐   Falsch: ☐

f)   Ein atypischer stiller Gesellschafter erzielt als Mitunternehmer Einkünfte aus Gewerbebetrieb.

Richtig: ☐   Falsch: ☐

g)   Juristische Personen, die im Ausland ihre Geschäftsleitung und ihren Sitz haben, jedoch inländische Einkünfte erzielen, sind beschränkt körperschaftsteuerpflichtig.

Richtig: ☐   Falsch: ☐

Aufgabe 2 (18 min):

Der ledige und kinderlose Herbert Franz möchte seine Einkommensteuererklärung für das Jahr 2010 erstellen und bittet Sie, ihm aus den Sachverhalten der Aufgaben a) bis c) die jeweilige Einkunftsart und die Höhe der Einkünfte für das Jahr 2010 anzugeben. Bitte denken Sie jeweils an eine ausreichende Begründung Ihrer Antwort und geben Sie die zugrunde liegenden gesetzlichen Regelungen an.

a)   Herbert Franz besitzt ein umsatzsteuerfrei vermietetes Mehrfamilienhaus, wofür er jährlich 500,00 Euro Grundsteuer, 200,00 Euro Brandschutzversicherung und 1.800,00 Euro Fremdkapitalzinsen zahlt. Im Jahr 2010 waren drei Wohnungen vermietet:

- 1 Wohnung im Erdgeschoss: Rentnerin Marga Lang: 200,00 Euro Miete pro Monat
- 1 Wohnung im Obergeschoss: Familie Heller: 500,00 Euro Miete pro Monat
- 1 Wohnung im Dachgeschoss: Student Thomas Weiß: 300,00 Euro Miete pro Monat

Die Mieten sind jeweils zum 1. eines jeden Monats fällig. Die Rentnerin Marga Lang im Erdgeschoss zahlt ihre Miete für die Monate Januar bis März 2011 in Höhe von 600,00 Euro am 02.12.2010 per Überweisung an Herbert Franz. Familie Heller zahlt die Miete für Dezember 2010 am 12.01.2011 bar an Herbert Franz. Student Thomas Weiß bekam zu Weihnachten von seiner Oma ein Geldgeschenk. Deshalb zahlt er die rückständige Miete für die Monate November und Dezember 2010 am 04.01.2011 auf das Konto des Vermieters ein. (8 Punkte)

b) Herbert Franz verkaufte am 26.10.2010 sein Cabrio zu 27.000,00 Euro, welches er am 10.10.2009 zu 25.000,00 Euro angeschafft hat. Werbungskosten sind nicht angefallen. Am 14.11.2010 verkauft er ein Originalgemälde zu 9.200,00 Euro, welches er am 08.09.2010 zu 8.000,00 Euro angeschafft hat. Werbungskosten sind in Höhe von 500,00 Euro angefallen. (7 Punkte)

c) Herbert Franz war im Jahr 2010 als Abteilungsleiter in einem Elektro-Fachhandel beschäftigt. Er erhält ein monatliches Bruttogehalt in Höhe von 4.000,00 Euro. Die im Zusammenhang mit dieser Tätigkeit entstandenen Werbungskosten betragen 780,00 Euro. (3 Punkte)

Aufgabe 3 (16 min):
Die Bahnbau-GmbH hat in 2010 ein zu versteuerndes Einkommen in Höhe von 500.000,00 Euro. An der Bahnbau-GmbH sind die unbeschränkt körperschaftsteuerpflichtige Zug-AG zu 60 % und die ledige, konfessions- und kinderlose Erna Klein zu 40 % beteiligt. Die Bahnbau-GmbH nimmt in 2010 eine Vollausschüttung vor. Die Gewerbesteuer der Bahnbau-GmbH beträgt 60.000 Euro.

a) Bestimmen Sie bitte die Körperschaftsteuerschuld der GmbH! Lassen Sie den Solidaritätszuschlag unberücksichtigt. (2 Punkte)

b) Bestimmen Sie die Einkommensteuerabschlusszahlung von Erna Klein, wenn sie außer der Dividende keine weiteren Einkünfte erzielt. Sie hat Werbungskosten in Höhe von 15.000,00 Euro. Die abzugsfähigen Sonderausgaben betragen 6.000,00 Euro. Lassen Sie den Solidaritätszuschlag unberücksichtigt. (7 Punkte)

c) Wie hoch ist das zu versteuernde Einkommen der Zug-AG, das auf die Dividendeneinkünfte entfällt? Sie hat im Zusammenhang mit der Beteiligung an der Bahnbau-GmbH Betriebsausgaben in Höhe von 15.000,00 Euro. Bestimmen Sie auch die auf diese Einkünfte entfallende Körperschaftsteuerzahllast! Lassen Sie jeweils den Solidaritätszuschlag und die Gewerbesteuer bei der Zug-AG unberücksichtigt. (7 Punkte)

Aufgabe 4 (12 min):
Der 58-jährige Steuerpflichtige Werner Taubert veräußert seinen gesamten Gewerbebetrieb. Zum Vermögen des Gewerbebetriebs gehören keine Anteile an Kapitalgesellschaften. Ermitteln Sie unter Berücksichtigung eventuell möglicher Steuervergünstigungen für die folgenden zwei Fälle jeweils den steuerpflichtigen Veräußerungsgewinn sowie die sich aus dem Veräußerungsgeschäft ergebende Einkommensteuerschuld des Werner Taubert. Gehen Sie dabei von einem Durchschnittssteuersatz seines gesamten zu versteuernden Einkommens in Höhe von 42 Prozent aus.

a) Veräußerungspreis: 205.000 €
   Wert des Betriebsvermögens
   im Veräußerungszeitpunkt: 147.000 €
   Veräußerungskosten: 15.000 €
   (5 Punkte)

b) Veräußerungspreis: 303.000 €
   Wert des Betriebsvermögens
   im Veräußerungszeitpunkt: 120.000 €
   Veräußerungskosten: 11.000 €
   (7 Punkte)

Aufgabe 5 (4 min):
Der Möbelhändler Mario Karl entnimmt aus der Möbelausstellung des Unternehmens in Berlin einen Schrank im Wert von 3.000,00 Euro, um diesen in sein neu erworbenes Eigenheim zu stellen und gleichzeitig seiner Frau Monika eine Freude zu bereiten. Bitte beurteilen Sie diesen Sachverhalt aus umsatzsteuerrechtlicher Sicht. (4 Punkte)

Lösungen

II. Lösungen

Klausur 1: Grundlagen der BWL

Lösung Aufgabe 1:   **Punkte**
Unter Zielbeziehung ist allgemein die gegenseitige Beeinflussung verschiedener Unternehmensziele zu verstehen.   (1)

Eine mögliche Zielbeziehung ist die „Zielkomplementarität". Diese liegt vor, wenn das Erreichen eines Ziels das Erreichen eines anderen Ziels positiv beeinflusst. Ein Beispiel hierfür sind die Ziele „Steigerung des Gewinns" und „Steigerung des Umsatzes".

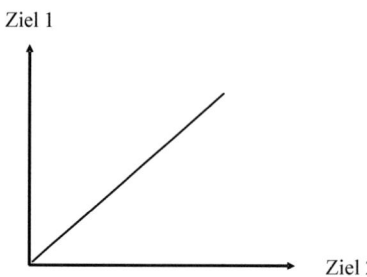

(3)

Eine weitere mögliche Zielbeziehung ist die „Zielkonkurrenz". Diese liegt vor, wenn das Erreichen eines Ziels das Erreichen eines anderen Ziels beeinträchtigt. Ein Beispiel hierfür sind die Ziele „Reduktion der Kosten im Personalbereich" und „Steigerung der Mitarbeiterzufriedenheit".

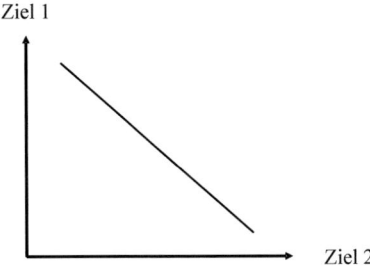

(3)

Die dritte mögliche Zielbeziehung ist die „Zielneutralität".
Diese liegt vor, wenn das Erreichen eines Ziels keinen Einfluss auf das Erreichen eines anderen Ziels nimmt. Ein Beispiel hierfür sind die Ziele „Reduktion der CO_2-Emis-
sionen" und „Steigerung des Ausländeranteils".

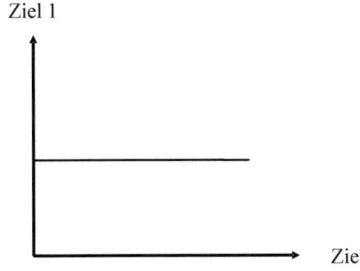

(3)

Lösung Aufgabe 2:

(a) Ausgaben entstehen einem Unternehmen durch den
Abfluss von Geldmitteln. (1)
Aufwendungen entstehen durch den bewerteten Ver-
brauch von Gütern und Dienstleistungen in der
Periode. Kalkulatorische Größen determinieren keinen
Aufwand. (1,5)
Kosten entstehen einem Unternehmen durch den be-
werteten, betriebszweckbezogenen Verbrauch von
Gütern und Dienstleistungen in einer Periode. Auch
kalkulatorische Größen werden als Kosten erfasst. (1,5)

(b) i. Aufwendungen: ja   (0,5)
         Kosten: ja   (0,5)
         Ausgaben: nein   (0,5)

     ii. Aufwendungen: ja   (0,5)
         Kosten: nein   (0,5)
         Ausgaben: ja   (0,5)

    iii. Aufwendungen: nein   (0,5)
         Kosten: ja   (0,5)
         Ausgaben: nein   (0,5)

     iv. Aufwendungen: ja   (0,5)
         Kosten: ja   (0,5)
         Ausgaben: ja   (0,5)

Lösung Aufgabe 3:

Minimax-Regel

Die Minimax-Regel wird auch als Pessimisten-Regel bezeichnet, da der Entscheider die Alternative wählt, die beim Eintritt des jeweils ungünstigsten Umweltzustandes noch zu dem besten Ergebnis führt. D.h., dass der Entscheider die im schlechtesten Fall zu realisierenden Ergebnisse der einzelnen Alternativen, die durch die Zeilenminima repräsentiert werden, miteinander vergleicht und dann das Maximum der schlechtesten Ergebnisse auswählt.   (3,5)

Aktionenraum	Zeilenminima
A1	**20**
A2	**- 500**
A3	**- 40**
A4	**- 200**
A5	**- 100**

Hier würde der Entscheider folglich Alternative 1 auswählen, da ihm diese auf jeden Fall 20 GE bringt.   (3)

Maximax-Regel

Die Maximax-Regel wird auch als Optimisten-Regel bezeichnet, da der Entscheider die Alternative wählt, die beim

Eintritt des jeweils günstigsten Umweltzustandes zum besten Ergebnis führt. D.h., dass der Entscheider die im besten Fall zu realisierenden Ergebnisse der einzelnen Alternativen, die durch die Zeilenmaxima repräsentiert werden, miteinander vergleicht und dann das Maximum der besten Ergebnisse auswählt. (3,5)

Aktionenraum	Zeilenmaxima
A1	80
A2	**800**
A3	200
A4	300
A5	200

In dieser Aufgabe würde sich der Entscheider folglich für Alternative 2 entscheiden, da er so den größtmöglichen Gewinn von 800 GE realisieren kann. (3)

Hurwicz-Regel (Pessimismus-Optimismus-Regel)
Die Hurwicz-Regel kombiniert die Minimax- und Maximax-Regel. Das Zeilenmaximum wird mit dem Faktor α, der die Einstellung des Entscheiders zur Unsicherheit ausdrückt, und das Zeilenminimum mit dem Faktor $(1-\alpha)$ gewichtet. Die sich so ergebenden Teilnutzen werden addiert und die Summe repräsentiert den Nutzen der einzelnen Alternativen aus Sicht des Entscheiders. Dieser wählt folglich die Alternative, die die höchste Summe und somit für ihn den größten Nutzen aufweist. (3,5)

Optimismusparameter $\lambda = 0,3$

Zustands-raum \\ Aktionen-raum	Zeilenmaxima * λ	Zeilenminima * $(1 - \lambda)$	Summe
$\underline{A_1}$	$\underline{80 * 0,3 = 24}$	$\underline{20 * 0,7 = 14}$	$\underline{38}$
A_2	$800 * 0,3 = 240$	$- 500 * 0,7 = - 350$	-110
A_3	$200 * 0,3 = 60$	$- 40 * 0,7 = - 28$	32
A_4	$300 * 0,3 = 90$	$- 200 * 0,7 = - 140$	-50
A_5	$200 * 0,3 = 60$	$- 100 * 0,7 = - 70$	-10

In diesem Fall suggeriert Alternative 1 für den Entscheider den höchsten Nutzen, so dass er diese wählen würde. (5)

Savage-Niehans-Regel (Regel des kleinsten Bedauerns)
Die Savage-Niehans-Regel wird auch als Regel des kleinsten Bedauerns bezeichnet. Die Ursache des Bedauerns der Wahl einer Alternative liegt darin begründet, dass der Entscheider im Nachhinein feststellt, dass die Wahl einer anderen Alternative beim Eintritt eines Umweltzustandes zu einem besseren Ergebnis geführt hätte. Er bedauert folglich die nicht realisierte Differenz des bei seiner gewählten Alternative generierten Erfolgs zu dem bei Eintritt dieses Umweltzustandes maximal möglichen Erfolg (= Spaltenmaximum). Um die „Höhe des Bedauerns" möglichst gering zu halten, bildet der Entscheider bei Anwendung der Savage-Niehans-Regel in einem ersten Schritt die Differenz zwischen allen Spaltenmaxima und dem Erfolg, der bei der Wahl der übrigen Alternativen bei dem jeweiligen Umweltzustand erzielt worden wäre. In einem zweiten Schritt betrachtet er die sich dann ergebenden Zeilenmaxima, die das größtmögliche Bedauern bei der Wahl

einer Alternative darstellen. Der Entscheider wählt folglich die Alternative, bei der das Bedauern im schlimmsten Fall noch am geringsten ist, also das Minimum der Zeilenmaxima. (5)

Die Matrix enthält folgende Spaltenmaxima:

Zustandsraum	U_1	U_z	U_3	U_4
Spaltenmaxima	300	120	800	400

Zustandsraum / Aktionenraum	U_1	U_2	U_3	U_4
A_1	280	80	720	340
A_2	800	120	0	0
A_3	100	0	840	360
A_4	0	20	1000	400
<u>A_5</u>	400	120	<u>600</u>	300

Der Entscheider würde in diesem Fall Alternative 5 präferieren, da die „Höhe des Bedauerns" hierbei im schlimmsten Fall nur 600 GE betragen würde. (5)

Laplace-Regel (Regel des unzureichenden Grundes)
Bei Anwendung der Laplace-Regel unterstellt der Entscheider mangels gegenteiliger Informationen, dass der Eintritt aller Umweltzustände gleich wahrscheinlich ist (Prinzip des unzureichenden Grundes). Mit dem so generierten Wahrscheinlichkeiten gewichtet er die Umweltzustände und ermittelt auf diese Weise den Erwartungswert. Die Alternative, die den höchsten Erwartungswert aufweist, wird gewählt. (3,5)

Für die Alternative A_1 ergibt sich somit folgender Erwartungswert:

$$
\begin{aligned}
E \quad &= 0{,}25*20 + 0{,}25*40 + 0{,}25*80 + 0{,}25*60 \\
&= 0{,}25 * (20 + 40 + 80 + 60) \\
&= 0{,}25 * 200 \\
&= 50
\end{aligned}
$$

Vereinfacht lassen sich die benötigten Werte folglich durch die Multiplikation der Zeilensummen mit der Wahrscheinlichkeit von 0,25 bestimmen.

Aktionenraum	Zeilensumme	Erwartungswert Zeilensumme * 0,25
A1	200	50
$\underline{A_2}$	700	<u>175</u>
A_3	320	80
A_4	200	50
A_s	200	50

Bei Anwendung der Laplace-Regel würde der Entscheider Alternative 2 wählen, die ihm mit 175 GE den höchsten Erwartungswert liefert. (5)

Klausur 2: Grundlagen der BWL

Lösung Aufgabe 1: **Punkte**

Menge Taschen-rechner (Leistungs-einheit)	Kosten (€)	Gesamte fixe Kosten (€)	Gesamte variable Kosten (€)	Fixe Stück-kosten (€)	Variable Stück-kosten (€)	Gesamte Stück-kosten (€)	Grenz-kosten (€)
1	3.300	3.000	300	3.000	300	3.300	300
2	3.800	3.000	800	1.500	400	1.900	500
3	4.500	3.000	1.500	1.000	500	1.500	700
4	5.400	3.000	2.400	750	600	1.350	900

(5)

Lösung Aufgabe 2:
Maximalprinzip: Mit gegebenen Input soll ein möglichst hoher Output erreicht werden. (2)
Minimalprinzip: Ein vorgegebener Output soll mit möglichst kleinem Input erreicht werden. (2)
Optimalprinzip: Weder Input noch Output werden vorgegeben. Sie sollen so aufeinander abgestimmt werden, dass das ökonomische Problem nach den festgelegten Kriterien optimal gelöst wird. (2)

Lösung Aufgabe 3:
a)
Unter Liquidität versteht man die Fähigkeit eines Unternehmens, jederzeit, termingerecht und in vollem Umfang seinen Zahlungsverpflichtungen nachzukommen. (2)
Allgemein unterscheidet man zwischen der relativen Liquidität (Finanzplanliquidität) und der absoluten Liquidität (Vermögensliquidität). (1)
Finanzplanliquidität ist gegeben, wenn die verfügbaren Geldmittel stets die fälligen Verbindlichkeiten überschreiten. (1)
Als Vermögensliquidität beschreibt man die Liquidierbarkeit eines Vermögensgegenstandes, d.h. die Möglichkeit,

Vermögensgegenstände als Zahlungsmittel zu verwenden
oder in Zahlungsmittel umtauschen zu können. (1)

b)

Liquidität 1. Grades: $\dfrac{\text{Zahlungsmittel}}{\text{kurzfristige Verbindlichkeiten}}$ (1)

Liquidität 2. Grades: $\dfrac{\text{Zahlungsmittel} + \text{kurzfristige Forderungen}}{\text{kurzfristige Verbindlichkeiten}}$ (1)

Liquidität 3. Grades: $\dfrac{\text{Umlaufvermögen}}{\text{kurzfristige Verbindlichkeiten}}$ (1)

Übersteigt der jeweils betrachtete Quotient den Wert 1, dann
sind alle kurzfristigen Verbindlichkeiten gedeckt. (1)
*Viele Unternehmen weisen jedoch eine Liquidität 1. Grades
von unter 1 auf, da die kurzfristigen Verbindlichkeiten nicht
alle zum Betrachtungszeitpunkt fällig sind und ein hoher
Bestand an Zahlungsmittel mangels Verzinsung dem Ziel
Gewinnmaximierung entgegensteht. Allerdings sollte zu-
mindest die Liquidität 2. Grades über 1 liegen, da neben den
aus der Bilanz erkennbaren kurzfristigen Verbindlichkeiten
auch Personalkosten und andere Aufwendungen zu
begleichen sind, deren Fälligkeit nicht aus der Bilanz er-
sichtlich ist.*

c)

1. Eigenkapitalerhöhung
Mit einer Kapitalerhöhung durch Bareinlagen werden dem
Unternehmen liquide Mittel zugeführt, die zur Tilgung der
fälligen Verbindlichkeiten genutzt werden können. (1)
Jedoch ist zu beachten, dass die Gesellschafter einer Kapitalerhöhung nur zustimmen, solange die Ertragsaussichten
des Unternehmens positiv zu beurteilen sind, und die Gesellschafter für ihre Einlage eine Verzinsung in Form einer Dividende erwarten, die i.d.R. höher ist als der Zinssatz für
Fremdkapital. (2)
2. Erhöhung der langfristigen Verbindlichkeiten
Die Liquidität eines Unternehmens kann kurzfristig auch
dadurch verbessert werden, indem langfristige Darlehen
aufgenommen werden, um kurzfristige Verbindlichkeiten zu
tilgen. (1)

Hierbei darf jedoch nicht übersehen werden, dass diese Maß-nahme sich nur für einen kurzen Liquiditätsengpass eignet, da das Zahlungsproblem lediglich in die Zukunft verlagert wird. (1)

Auch hier ist zu beachten, dass die Gläubiger nur dann bereit sind, einem Unternehmen mit Liquiditätsschwierigkeiten neue Kredite zu gewähren, wenn die Ertragsaussichten des Unter-nehmens positiv sind. (1)

3. Sale-and-lease-back

Eine beliebte Methode zur kurzfristigen Verbesserung der Liquidität ist der Verkauf von Anlagevermögen (i.d.R. Grund-stücken und Gebäuden), das anschließend zurückgemietet wird (sog. „Sale-and-lease-back"). (1)

Der Verkauf führt zu einem hohen Zufluss an Zahlungsmittel, während die Auszahlungen für die Mietaufwendungen in die Zukunft verlagert werden. (1)

4. Factoring

Die Liquiditätswirkung des Forderungsverkaufs (sog. Factoring) muss differenziert betrachtet werden. Während der Forderungsverkauf die Liquidität des 1. Grades erhöht, hat er auf die Liquidität des 2. Grades eine negative Wirkung. (1)

Zwar nimmt durch den Forderungsverkauf der Bestand der Zahlungsmittel zu, gleichzeitig reduziert sich jedoch der Be-stand der Forderungen. (1)

Da die Factoringgesellschaft für ihre Finanzierungsfunktion ei-nen Forderungsabschlag einbehält, ist die Zunahme des Be-standes an Zahlungsmittel geringer als die Abnahme des Forde-rungsbestandes, so dass die Liquidität des 2. Grades sinkt. (1)

5. Umwandlung von Fremdkapital in Eigenkapital

Durch die Umwandlung von Fremdkapital in Eigenkapital muss das Unternehmen die fälligen Tilgungsleistungen nicht mehr erbringen. (1)

Auch hier gilt, dass die bisherigen Gläubiger diesem Vorhaben nur bei positiven Ertragsaussichten zustimmen werden. Für das Unternehmen besteht der Nachteil, dass künftig Dividenden-zahlungen zu erbringen sind und dass die bisherigen Gläubiger nun ein Mitspracherecht bei der Geschäftsführung haben. (2)

6. Umschuldung

Durch die Umschuldung kurzfristiger Verbindlichkeiten in langfristige Darlehen kann die Liquidität ebenfalls kurzfristig verbessert werden. (1)

Allerdings wird auch hier das Zahlungsproblem lediglich in die Zukunft verlagert. (1)

Lösung Aufgabe 4:

	Köln	Mailand	Dublin	
Umsatzlöse	70.000.000	70.000.000	70.000.000	(3)
- zusätzliche Verwaltungskosten		3.000.000	2.250.000	(3)
- zusätzliche Transportkosten		1.100.000	2.000.000	(3)
-	39.000.000	27.000.000	30.000.000	(3)
- sonstiger Aufwand	30.000.000	30.000.000	30.000.000	(3)
= Gewinn vor Steuern	1.000.000	8.900.000	5.750.000	(3)
- Steuern	250.000	2.848.000	690.000	(3)
= Gewinn nach Steuern	750.000	6.052.000	5.060.000	(3)

Die Brause AG sollte den Standort Mailand wählen.

Klausur 3: Marketing

Lösung Aufgabe 1:   **Punkte**
Die Konkurrenzanalyse ist ein Verfahren der strategischen Situationsanalyse, dessen Aufgabe darin besteht, entscheidungsrelevante und möglichst umfassende Informationen über tatsächliche und potenzielle Wettbewerber, wie z.b. deren Stärken und Schwächen, erkennbare Strategien und Marktstellung, zu sammeln und auszuwerten.   (3)

Den Gegenstand der Konkurrenzanalyse bilden die folgenden Aspekte:
➢ Bestimmung der relevanten Konkurrenten:
  • Wer sind die Konkurrenten?
➢ Definition der Informationserfordernisse
  • Was sind die Strategien der Konkurrenten?
  • Was sind die Ziele der Konkurrenten?
  • Wo liegen ihre Stärken und Schwächen?
  • Was ist ihr Reaktionsprofil?
➢ Bestimmung der Informationsquellen:
  • Methoden der Konkurrenzanalyse?   (2)

Lösung Aufgabe 2:
Um eine Konkurrenzanalyse durchzuführen zu können ist es zunächst essenziell ein allgemeines Bild über potenzielle Konkurrenten zu gewinnen. Dieses kann durch die Beantwortung der nachfolgenden Fragen abgeleitet werden:
➢ Was motiviert den Konkurrenten?
  • Ziele für die Zukunft (auf allen Managementebenen und für verschiedene Gebiete)
➢ Wie verhält sich der Konkurrent und wie könnte er sich möglicherweise verhalten?
  • Gegenwärtige und zukünftig geplante Strategien (wie führt der Konkurrent zur Zeit den Wettbewerb/ wie führt er ihn möglicherweise in Zukunft)
➢ Annahmen?
  • Welche Annahmen kann das Unternehmen über sich selbst, die Branche und auch den Konkurrenten treffen?
➢ Fähigkeiten?

- Welche Stärken und Schwächen besitzt der Konkurrent (welche besitzt das Unternehmen selbst dem gegenüber) (2)

Aus einer Synthese dieser Informationen kann ein Reaktions-profil des Konkurrenten entwickelt werden, welches eine Beantwortung der folgenden Fragen ermöglicht:
  - Ist der Konkurrent mit seiner derzeitigen Situation zufrieden?
  - Welche voraussichtlichen Schritte oder strategischen Veränderungen wird der Konkurrent vornehmen
  - Wo ist der Konkurrent angreifbar?
  - Was wird die größte und wirkungsvollste Reaktion des Konkurrenten hervorrufen? (2)

Um dieses Raster, wie im zweiten Teil der Frage gefordert, auf den oben beschriebenen Fall anzuwenden, empfiehlt es sich zunächst eine kurze Beschreibung der beiden Unternehmen durchzuführen:

Kurzbeschreibung des Unternehmens MediCare GmbH:
  - Weltweit führender Hersteller für medizinische Produkte
  - Breite Produktpalette
  - Expansion weltweit
  - Forschungskooperationen mit Universitäten und Krankenhäusern
  - Keine internationalen Wissenschaftler
  - Kaum noch innovative Produkte
  - Wichtige Trendentwicklungen verkannt
  - Umsatzeinbußen bezüglich langjähriger Erfolgsprodukte
  - Basisgeschäft medizinische Geräte durch Konkurrent gefährdet
  - Dadurch Verlust an Marktanteil
  - Aggressiver Preiswettbewerb
  - Schnelllebigkeit
  - Nutzung veralteter Technologien
  - Produktion zu teuer
  - Unternehmensstrukturen veraltet, nicht flexibel genug (2)

Kurzbeschreibung des Unternehmens NanoRepro GmbH:
- ➤ Junges, kleines Unternehmen mit schlanken Organisationsstrukturen, kurzen Informationswegen und Produktion in China
- ➤ Nur Wissenschaftler
- ➤ Nutzung neuer Technologien
- ➤ Bieten besser und kostengünstiger an
- ➤ Regelmäßige Innovationen
- ➤ Aggressiver und schneller Wettbewerbsstil
- ➤ Breitet sich schnell auf die Gebiete aus, auf die sich die Medicare spezialisiert hat (2)

Ausgehend von diesen Kurzbeschreibungen sollte das Raster der Konkurrenzanalyse Schritt für Schritt durchgegangen werden:

➤• **Motivation des Konkurrenten:**
  - Marktführerschaft durch gnadenlosen Wettbewerb
  - Innovationen
  - Vergrößerung des eigenen Marktanteils zu Lasten der MediCare (2)

➤ **Verhalten/ gegenwärtige Strategie:**
  - Aggressiver und schnelllebiger Wettbewerb
  - Kostenführerschaft (Auslagerung nach China/ etablierte Produkte werden günstiger Angeboten)
  - Ausweitung der Produktpalette auf einen großen Bereich
  - Innovationen durch Nutzung neuer Technologien
  - Zukünftig Erweiterung auf die Herstellung von Geräten (damit Vergrößerung des eigenen Marktanteils zu Lasten der Konkurrenz (2)

➤ **Fähigkeiten**
  - Stärken:
    - o Kostenstruktur
    - o Nutzung neuer Technologien
    - o Stetige Einführung neuer von Innovationen am Markt
    - o Etablierte Produkte werden kostengünstiger und besser angeboten
    - o Größe des UN

- o Schlanke Organisationsstrukturen, kurze Informationswege sowie Auslagerung der Produktion nach China
- o Wettbewerbsstil
- o Konw-how im Unternehmen
- Schwächen:
  - o Größe
  - o Zeitliche Anwesenheit am Markt
  - o Kein eigenes Stammprodukt
  - o Produktpalette teilweise Mee-too-Produkte   (2)

➢ **Annahmen:**
- MediCare muss weitere Gebiete erschließen, um langfristig überleben zu können. Will in den Bereich Genforschung. Über kurz oder lang wird die NanoRepro nachziehen.   (2)

Reaktionsprofil:
- Frage 1: NanoRepro ist stetig daran interessiert neue Gebiete zu erschließen und Marktpotential zu erweitern. Wird also weiterhin innovieren, Wettbewerb verschärfen etc.   (1)
- Frage 2: Schritte/ strategische Veränderungen: Basisgeschäft der MediCare angreifen. NanoRepro wird ebenfalls medizinische Geräte herstellen wollen   (1)
- Frage 3: Angreifbar über Größe und die Tatsache, dass keine Stammprodukte existieren. Die Größe des Unternehmens führt dazu, dass über wenig Ressourcenpotential verfügt wird. D.H. um die Aufwendungen für die stetigen Innovationen aufbringen zu können, muss die NanoRepro die Produkte in der Reifephase abstoßen, um Ressourcenpotentiale frei zu machen.   (1)
- Frage 4: Spezialisierung auf Genforschung   (1)

Lösung Aufgabe 3:
Je nachdem welche der genannten Reaktionen von der NanoRepro GmbH am wahrscheinlichsten erscheinen, stehen der MediCare GmbH unterschiedliche Handlungsalternativen zur Verfügung. Damit ist die Frage relativ offen gestaltet, sodass der Student frei wählen kann, welche Handlungsalternative er diskutieren möchte. Die Fallbeschreibung bietet in diesem Zu-

sammenhang verschiedene Ansatzpunkte bzw. nennt unterschiedliche Problembereiche, die im Rahmen strategischer und operativer Maßnahmen angesprochen werden können.

So liegt beispielsweise das erste Problem der MediCare GmbH in einer geringen Innovationsrate. Zu lange wurden Trendentwicklungen und neue Technologien missachtet. Um dieses Problem zu beheben könnte die MediCare GmbH versuchen Know-how einzukaufen. Dies gelänge durch eine Einstellung neuer Wissenschaftler, durch den Erwerb von Patenten oder gar durch das Aufkaufen kleinerer, innovativer Unternehmen. Die Voraussetzung hierfür ist jedoch, dass die MediCare GmbH gewillt ist, weiterhin auf diesem Markt zu agieren.

Eine weitere Möglichkeit bestünde darin, die Herstellung von Medikamenten vollständig einzustellen und sich nur noch auf die Herstellung von medizinischen Geräten zu konzentrieren. Da in diesem Fall jedoch die Befürchtung besteht, dass die NanoRepro GmbH auch diesen Markt betreten will, sollte die MediCare GmbH dafür Sorge tragen Markteintrittsbarrieren zu errichten und möglicherweise ihre Produktpalette zu erweitern, um damit eine Risikostreuung zu erzielen. Auch eine Diversifikationsstrategie sollte angedacht werden.

Zusätzlich wird im Text die organisationale Gestaltung der NanoRepro GmbH als vorteilhaft beschrieben. Die MediCare GmbH könnte versuchen durch Umstrukturierungsmaßnahmen oder Outsourcing (z.B. Teile der Produktion etc,) die vom Markt geforderte Schnelligkeit und Flexibilität herzustellen.

Schließlich wäre es möglich, die NanoRero GmbH direkt anzugreifen. Da es sich um ein kleines Unternehmen handelt, welches selbst über kein eigenes Traditionsprodukt verfügt und erst seit einigen Jahren auf dem tätig ist, ist es wahrscheinlich, dass die NanoRepro GmbH einen aggressiven Preiskampf finanziell nicht überstehen kann.

Insgesamt werden damit Aspekte aus der strategischen und operativen Maßnahmenplanung angesprochen (als Orientierungshilfe bspw. Strategieraster von Jochen Becker und der allgemeine Marketing-Mix). Es obliegt jedoch dem Studenten, welche der potenziell zur Verfügung stehenden Maßnahmen diskutiert werden sollen. Da sich die Fragestellung explizit auf den Fall bezieht, ist unbedingt darauf zu achten, dass die gewählte und vorgeschlagene Maßnahme mit den geschilderten

Problemen des Falls zusammenhängen und sich insgesamt ein schlüssiges, in sich stimmiges Konzept ergibt.　　　　(20)

Lösung Aufgabe 4:
Unter einer Produktinnovation sollen die mit der Entwicklung von Neuprodukten verbundenen Änderungsprozesse in einer Unternehmung verstanden werden. Die Änderungsprozesse können alle funktionalen Bereiche des Unternehmens betreffen. Produktinnovationen gehen häufig mit Prozessinnovationen einher.　　　　(3)

Dimensionen der Produktinnovationen:
1. Subjektdimension: Neu für wen?
2. Intensitätsdimension: Wie sehr neu?
3. Zeitdimension: Wann beginnt und endet eine Innovation?
4. Raumdimension: In welchem Gebiet neu?

Zu 1: Die Beurteilung dessen, was neu ist, hängt von der subjektiven Wahrnehmung der betroffenen Person ab. Eine Produktinnovation ist demnach das, was als solche wahrgenommen wird. Man unterscheidet hier oftmals – je nach Bezugsgruppe – Hersteller- und Konsumentenneuheiten.　　　　(3)

Zu 2: Handelt es sich um eine Neuheit im Sinne einer geringen Modifikation des bereits Bestehenden oder um eine technische Neuerung, die erstmalig auftritt. Im letzten Fall wäre von einer Marktneuheit im engeren (Weltneuheiten) zu sprechen, während im ersteren Fall lediglich eine Modifikation vorliegt (Marktneuheit im weiteren Sinne).　　　　(3)

Zu 3: Wie lange ist der Zeitraum zu bemessen, in dem ein Produkt nach der Markteinführung als neu gilt und ab wann kann innerbetrieblich von einer Innovation gesprochen werden? Diese Frage ist kaum zu beantworten. Neuerungen werden in den unterschiedlichen Bereichen unterschiedlich schnell imitiert. Angesprochen werden soll hiermit nur die Phase zwischen Invention und tatsächlicher Markteinführung (Innovation).　　　　(3)

Zu 4: Die Raumdimension kennzeichnet den Sachverhalt, dass ein bereits in einem Gebiet verkauftes Produkt für ein anderes Gebiet eine Neuheit darstellen kann. Damit wird insbesondere die stufenweise Einführung von neuen Produkten auf Auslandsmärkten angesprochen.　　　　(3)

Klausur 4: Marketing

Lösung Aufgabe 1:   **Punkte**

Der Prozess der Entstehung von Kundenzufriedenheit bzw. -unzufriedenheit wird in der Regel anhand des „disconfirmation paradigm" beschrieben, nach dem die Kundenunzufriedenheit als Folge einer wahrgenommenen Diskrepanz zwischen erwarteter und erlebter Leistung entsteht. So entwickeln Kunden aufgrund von Erfahrungen mehr oder weniger klar umrissene Erwartung gegenüber einem Marktangebot. Neben Erfahrungen werden diese Erwartungen auch durch die Bedürfnisse des Kunden und durch zusätzliche Informationen aus dem sozialen Umfeld (Mundkommunikation) oder durch die Kommunikation des Anbieters gebildet.   (3)

Im Prozess des Gebrauchs oder Verbrauchs von Konsumgütern oder der Nutzung der Dienstleistung führt der Kunde einen psychischen Vergleich zwischen der wahrgenommen Leistung mit seinen Erwartungen durch. Unzufriedenheit tritt dann ein, wenn die Erwartungen des Kunden maßgeblich unterschritten werden. Die Unzufriedenheit ist demnach das Ergebnis einer Ex-post-Berurteilung und setzt ein konkretes Konsumerlebnis voraus.   (3)

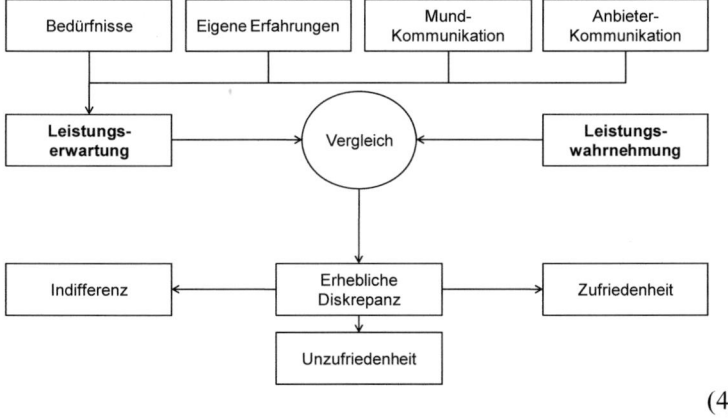

(4)

Entstehung von Kundenzufriedenheit/Unzufriedenheit (Quelle: Stauss/Seidel (2007), S. 60)

61

Werden die Erwartungen des Kunden enttäuscht, besteht zunächst die Tendenz einen psychischen Dissonanzabbau zu betreiben, indem sie beispielsweise nachträglich ihre Eingangserwartungen reduzieren oder den ersten negativen Eindruck in eine positive Richtung korrigieren. Gelingt eine solche nachträgliche Harmonisierung zwischen den Leistungserwartungen und -erfahrungen des Kunden nicht, steht dieser vor der Frage wie er sich verhalten soll. Hierzu stehen dem unzufriedenen Kunden verschiedene Verhaltensreaktionen zur Verfügung, wobei auch mehrere der genannten Alternativen simultan ergriffen werden können. Der Kunde kann (4)

- abwandern im Sinne eines Markenwechsels oder eines Marktaustritts,
- negative Mundkommunikation betreiben,
- trotz Unzufriedenheit inaktiv bleiben oder
- sich gegenüber dem Unternehmen bzw. Drittinstitutionen beschweren. (4)

Die Entscheidung welche der genannten Alternativen ein Kunde wählt, um mit seiner Unzufriedenheit umzugehen, hängt wesentlich von den Beschwerdekosten, dem Beschwerdenutzen, der Produktmerkmale, der Problemmerkmale, von personenspezifischen Merkmalen und von situationsspezifischen Merkmalen ab. (2)

Lösung Aufgabe 2:
Es ist allgemein bekannt, dass sich ein Großteil der unzufriedenen Kunden nicht beschwert, sodass die Zahl der im Unternehmen registrierten Beschwerden nur die Spitze eines „Unzufriedenheits-Eisberges" sind. Beschwerden bieten dem Unternehmen jedoch die Möglichkeiten Einzelprobleme oder Mängel zu beheben (Reparaturfunktion), Verbesserungspotenziale zu ermitteln (Lernfunktion) und Kennzahlen für das Human Resource Management abzuleiten (Anreizfunktion). (4)

Im oben geschilderten Fall wählt Herr Seidler die Handlungsalternative der Beschwerde. Herr Seidler hat die Erwartung von der Messerscharf GmbH eine Antwort zu erhalten und gemeinsam mit Herrn Wohltat eine tragfähige Lösung für das Problem zu erarbeiten. Diese Beschwerdeerwartung ist der Standard anhand dessen er seine tatsächliche Erfahrung mit der Reaktion der Messerscharf GmbH (wahrgenommene Beschwerdeantwort) beurteilt. Im oben geschilderten Fall findet Herr Seidler jedoch keinen adäquaten Ansprechpartner. Er wird vertröstet. Der Beschwerdeverantwortliche, Herr Wohltat, befindet sich derzeit im Urlaub und hat sich „offenbar" um keine Vertretung seiner Verantwortlichkeiten gekümmert. Selbst nachdem Herr Seidler, trotz Produktionsausfall, nochmals das Gespräch mit Herrn Wohltat sucht und eine Lösung des Problems anstrebt, weist dieser jede Verantwortung von sich und bezeichnet Herrn Seidler sogar als einen „Lügner". Herrn Seidler bleibt nichts anderes übrig als den Anbieter zu wechseln, wodurch der Messerscharf GmbH ein großer Umsatzschaden entsteht. Möglicherweise wird Herr Seidler seine negativen Erfahrungen außerdem in seinem geschäftlichen und sozialen Umfeld weitergeben oder aufgrund seines Produktionsausfalls rechtliche Schritte einleiten. Hierdurch drohen der Messerscharf GmbH unter Umständen weitere Umsatzeinbußen, Imageschäden oder rechtliche Konsequenzen. Eine überzeugende Beschwerdereaktion hätte hingegen die Zufriedenheit von Herrn Seidler deutlich erhöht und möglicherweise sogar über den Wert beschwerdefreier Kunden angehoben. Da die Kundenzufriedenheit einen erheblichen Einfluss auf die Bindungsbereitschaft des Kunden hat, wäre ein funktionierendes Beschwerdemanagement im obigen Fall ein ausgezeichnetes Instrument gewesen, um Herrn Seidler verstärkt an das Unternehmen zu binden und möglicherweise sogar die Geschäftsbeziehung auszuweiten. Daneben liefert Herr Seidler durch seine Beschwerde dem Unternehmen kostenlose Informationen über bestehende Produktionsprobleme. Diese Informationen können zur Produkt-, und Produktionsverbesserung eingesetzt werden. (16)

Lösung Aufgabe 3:
Die wesentlichen Aufgaben eines Beschwerdemanagements liegen in den Bereichen der Beschwerdestimulierung, der Beschwerdebearbeitung, der Beschwerdereaktion sowie der Beschwerdeauswertung. Zusätzlich ist im Rahmen eines Beschwerde-Controlling der Zielerreichungsgrad der Aufgabenerfüllung zu überprüfen. (2)

Im Rahmen der Beschwerdestimulierung sollten unzufriedene Kunden veranlasst werden, ihre Unzufriedenheit gegenüber dem Unternehmen zu äußern. Hierzu sollte das Unternehmen zum einen Beschwerdewege einrichten und zum anderen diese Beschwerdewege gegenüber dem Kunden kommunizieren. Die Entscheidung über den Beschwerdeweg betrifft zunächst die Frage, auf welche Weise (mündlich, telefonisch, schriftlich) und gegenüber welcher Stelle, Kunden ihre Beschwerde äußern sollen. Damit möglichst viele Kunden den Weg der Beschwerde wählen und sich hierbei keine Barrieren für den Kunden ergeben (möglichst geringe Beschwerdekosten), sollte der Beschwerdeweg über mehrere Medien simultan kommuniziert werden. (4)

Die Phase der Beschwerdeannahme betrifft den Erstkontakt mit dem unzufriedenen Kunden sowie die Erfassung der Beschwerdeinformation. Durch die erste Reaktion auf die vorgebrachte Beschwerde im Erstkontakt bestimmt das Unternehmen maßgeblich darüber, ob die Unzufriedenheit des Kunden abgebaut oder verstärkt wird. Es ist daher darauf zu achten, dass Mitarbeiter über die Bearbeitungsstandards und -formen der Beschwerdebehandlung informiert sind und über sozialpsychologische Kenntnisse verfügen. Zusätzlich sollten Mitarbeiter, an die die Beschwerde herangetragen wird, das Prinzip des „Complaint Ownership" konsequent verinnerlichen. (4)

Im Rahmen der Beschwerdeerfassung sollte das Ziel verfolgt werden, das vom Kunden geäußerte Problem vollständig, schnell und strukturiert aufzunehmen. Hierbei sind Entscheidungen über die Erfassungsinhalte (bspw. Informationen über das Beschwerdeproblem) und über die Erfassungsform zu fällen. (3)

In der Phase der Beschwerdebearbeitung und -reaktion geht es um die Gestaltung der internen Bearbeitungsprozesse, die Festlegung von Verantwortlichkeiten, die Definition von Bearbeitungsterminen sowie die Installation von Mechanismen zur Überwachung der Termineinhaltung. Zusätzlich sollten der Umfang und die zeitliche Gestaltung der Kommunikation in den Folgekontakten mit dem unzufriedenen Kunden festgelegt werden. (3)

Das Beschwerdecontrolling teilt sich schließlich in zwei zentrale Bereiche: Das Aufgaben-Controlling und das Kosten-Nutzen-Controlling. Das Aufgaben-Controlling überwacht dabei, inwieweit die Aufgaben des Beschwerdemanagements erfüllt werden. Hier sind bezüglich der Teilaufgaben Leistungsindikatoren und -standards zu formulieren, deren Einhaltung und Adäquanz laufend überprüft werden müssen. Das Kosten-Nutzen-Controlling hat die Funktion, die Kosten- und Nutzeneffekte eines Beschwerdemanagementsystems abzuschätzen. Demnach geht es beim Kosten-Controlling um die Quantifizierung der Kosten, die bei der Annahme, Reaktion, Bearbeitung und Auswertung von Beschwerden entstehen. Das Nutzen-Controlling verfolgt das Ziel die Nutzendimensionen des Beschwerdemanagements zu quantifizieren (z.B. Informations-, Einstellungs-, Wiederkauf- und Kommunikationsnutzen). Aus einer Gegenüberstellung der Beschwerdekosten und des Beschwerdenutzens lässt sich die Rentabilität des Beschwerdemanagements ermitteln.   (4)

Klausur 5: Produktions- und Supply Chain-Management

Hinweis: In den Aufgaben dieser Klausur können jeweils theoretisch mehr als 20 Punkte erreicht werden, es werden jedoch pro Aufgabe maximal 20 Punkte vergeben!

Lösung Aufgabe 1:   **Punkte**

Werkstattproduktion: (1)
Die Organisation der Werkstattproduktion folgt dem Funktionsprinzip, d.h. gleichartige Arbeitssysteme werden räumlich zusammengefasst.   (1)
Die Werkstücke werden ohne zeitliche Bindung transportiert.   (1)
Sie eignet sich i.d.R. für kleine Losgrößen.   (1)
Vergleichsweise flexibel, bei geringen Kosten leicht umzurüsten, ermöglicht daher eine hohe Produkt- und Variantenvielfalt.   (1)
Jedoch können die einzelnen Arbeitsvorgänge nicht exakt aufeinander abgestimmt werden, so dass Aufträge häufig auf ihre Bearbeitung warten müssen.   (1)
Dadurch entstehen oftmals unerwünschte Leerzeiten, wenn vorhergehende Arbeitsvorgänge noch nicht abgeschlossen sind oder auf Transportmittel warten.   (1)
Im Vergleich zu anderen Organisationstypen zeitaufwendig, hoher Bedarf an qualifiziertem Personal.   (1)

Fließproduktion: (1)
Bei der Fließproduktion werden die Arbeitssysteme nach dem Objektprinzip gruppiert sind, d.h. die Arbeitssysteme sind räumlich nach Arbeitsplänen angeordnet und orientieren sich am zu bearbeitenden Objekt.   (1)
Einheitlicher Materialfluss, d.h. alle Werkstücke durchlaufen die in der Regel linear hintereinander angeordneten Bearbeitungsstationen in derselben Reihenfolge.   (1)
Man kann zwischen getakteter und nicht-getakteter Fließproduktion unterscheiden.   (1)
Bei der getakteten Fließproduktion gibt es eine vorgegebene Obergrenze für die Bearbeitungszeit an einer Station (Taktzeit).   (1)
Alle Arbeitsgänge müssen dieser Taktzeit angepasst werden, die Produktion ist also zeitlich gebunden.   (1)

Varianten der getakteten Fließproduktion: Transferstraße (gekoppelter Materialfluss, d.h. die Werkstücke werden simultan weiterbewegt) und Fließproduktionslinie (nicht gekoppelter Materialfluss, d.h. die Werkstücke können auch unabhängig bewegt werden). (1)
Bei nicht-getakteter Fließproduktion (Reihenproduktion) können die Werkstücke auch unabhängig voneinander bewegt werden. (1)
Dadurch werden Pufferlager zwischen den Stationen nötig. (1)
Vorteile der Fließproduktion: Kurze Durchlaufzeiten ermöglichen hohe Stückzahlen bei geringen Stückkosten. (1)
Nachteile: Geringe Anpassungsfähigkeit und Flexibilität durch hohe Umstellkosten, höhere Störanfälligkeit und monotone Arbeitsabläufe. (1)

Zentrenproduktion: (1)
Die Organisation der Zentrenproduktion erfolgt ebenfalls nach dem Objektprinzip, d.h. die Arbeitssysteme sind räumlich nach Arbeitsplänen angeordnet. (1)
Es können komplette Baugruppen oder Teilefamilien vollständig bearbeitet werden. (1)
Dazu werden diejenigen Arbeitssysteme in einem Produktionssegment zusammengefasst, die einer Gruppe gleicher oder ähnlicher Arbeitsobjekte zugeordnet werden und für deren möglichst komplette Bearbeitung zuständig sind. (1)
Sie ist ein Mittelweg zwischen Werkstattproduktion und Fließproduktion und soll eine Verbindung der hohen Flexibilität der Werkstattproduktion mit den relativ kurzen Durchlaufzeiten bei Fließproduktion ermöglichen. (1)
Zu den verschiedenen Formen der Zentrenproduktion gehören z.B. automatisierte flexible Fertigungssysteme sowie nicht automatisierte Produktionsinseln. (1)

Lösung Aufgabe 2:
Supply Chain-Management (SCM) bezeichnet die Planung, Durchführung und Kontrolle aller Beziehungen eines Unternehmens in der gesamten Liefer- bzw. Wertschöpfungskette vom Rohstofflieferanten bis zum Kunden und ggf. auch darüber hinaus (z.B. Recyclingprozesse). (2)

Es dient der Optimierung der zur Leistungserstellung
notwendigen Güter- und Informationsflüsse der gesamten
Lieferkette. (2)
Damit ist es weiter gefasst als ein reines Logistikmanage-
ment, da es auch die Strukturierung und Koordination
weiterer autonom agierender Akteure (z.b. Lieferanten,
Zwischenhändler, Logistikdienstleister und Kunden) enthält. (2)
Dadurch wird eine enge informationstechnische Anbindung
zwischen den Supply Chain-Partnern und die Einrichtung
interorganisationaler Kooperationsmechanismen notwendig. (2)
SCM ist nachfrageorientiert und richtet seine Prozesse im
Wesentlichen am Endkunden aus. (2)

Wesentliche Elemente des SCM sind
- die Kooperation (aber auch die Berücksichtigung
  von Wettbewerb) zwischen den Mitgliedern einer
  Supply Chain (1)
- die Konfiguration der Strukturen und Ablaufpro-
  zesse in der jeweiligen Supply Chain und die Be-
  wältigung komplexer (vor allem interorganisationaler) Abläufe und Strukturen (1)
- die Planung der Koordinationsformen innerhalb der
  Supply Chain (die zweckmäßige Ausgestaltung von
  Anreizsystemen, die Erstellung von Zielen für die
  einzelnen Glieder einer Supply Chain, die Koordination der einzelnen Einheiten, der Aufbau system-
  weiter Informationsprozesse usw.) (1)
- der Ausgleich von Nachteilen ungleich verteilten
  Wissens (Informationsasymmetrien) (1)
- der Abbau von Fehlerquellen und Störpotentialen an
  den Schnittstellen der Supply Chain-Glieder (1)

Mögliche Vorteile eines ganzheitlichen SCM sind
- die Reduktion von Kosten und Durchlaufzeiten (1)
- eine erhöhte Transparenz von Material-, Finanz- und
  Informationsflüssen (1)
- die Erleichterung eines kontinuierlichen Control-
  lings der beteiligten Prozesse (1)
- die Steigerung der Kundenzufriedenheit durch be-
  darfsorientierte Lieferung (1)

- die Vermeidung von „Out-of-Stock"-Situationen und eine Senkung der Lagerbestände in der gesamten Supply Chain (1)
- Kostenvorteile durch eine ganzheitliche Optimierung der Lieferprozesses über mehrere Stufen hinweg (1)

Dem gegenüber werden die Nachteile und Schwierigkeiten des SCM vor allem in Bezug auf Probleme der Zusammenarbeit zwischen verschiedenen Unternehmen gesehen. Dazu gehört

- ein möglicher Verlust an Flexibilität durch enge Bindung an Partnerunternehmen (1)
- ein mögliches einseitiges Ausnutzen des Machtgefälles zwischen Supply Chain-Partnern und die Gefahr opportunistischen Verhaltens (1)
- fehlende Marktanreize und Wettbewerbsdruck durch dauerhafte Bindungen innerhalb einer Supply Chain (1)
- der Verlust eigener Kontroll- und Reaktionsmöglichkeiten (1)

Lösung Aufgabe 3:
Die vier Grundformen der Bestellpolitik sind die (t,q)-, die (s,q)-, die (t,S)- sowie die (s,S)-Politik. (2)
t = fixe Periode zwischen zwei Bestellungen (Bestellrhythmus, -zeitpunkt)
q = fixe Bestellmenge
s = Lagerbestand, der die Bestellung auslöst
S = Sollbestand (2)

(t,q)-Politik
Es werden zu festen Termine (bzw. in konstanten Intervallen) konstante Mengen bestellt (fixe Bestellmenge und Bestellperiode). (1)
Es handelt sich damit um ein Bestellrhythmussystem. (1)
Stärken: einfache Handhabung und Durchführung, da nur ein geringer Dispositionsaufwand besteht und keine laufenden Kontrollen des Lagerbestandes erfolgen. (1)
Schwächen: Kann bei Bedarfsschwankungen zu stark schwankenden Lagerbeständen und damit entweder zu Fehlmengen oder zu hohen Lagerkosten (Überbestände) führen. (1)

Sie eignet sich daher insbesondere bei längerfristig
konstantem (oder regelmäßigem) Bedarf sowie bei Gütern
mit geringer Priorität bei der Materialdisposition. (1)

(t,S)-Politik
Der Lagerbestand wird zu festen Terminen (bzw. in
konstanten Intervallen) wieder bis zum Sollbestand aufgefüllt
(variable Bestellmenge, fixe Bestellperiode. (1)
Es handelt sich damit um ein Bestellrhythmussystem. (1)
Stärken: Relativ einfache Handhabung bei der zugleich dem
Problem von Überbestanden entgegengewirkt wird. (1)
Schwäche: Ebenfalls Gefahr von Fehlmengen. Im Gegensatz
zur (t,q)-Politik muss zudem der Lagerbestand kontrolliert
werden, damit bei Bedarf zum Sollbestand aufgefüllt werden
kann. (1)
Sie eignet sich daher zur Begrenzung von Höchstbeständen
z.B. bei genau vorgegebenen (begrenzten) Lagerkapazitäten
sowie für Güter mit niedriger oder mittlerer Priorität der
Materialdisposition. (1)

(s,q)-Politik
Bei Erreichen oder Unterschreiten eines zuvor festgelegten
Meldebestandes wird eine Bestellung mit fixer Bestellmenge
ausgelöst (fixe Bestellmenge und variable Bestellperiode). (1)
Es handelt sich damit um ein Bestellpunktsystem. (1)
Stärke: Es kann nicht zu Fehlmengen kommen und eventuell
auftretende Bedarfsschwankungen werden berücksichtigt. (1)
Schwäche: Vergleichsweise hoher Dispositionsaufwand,
laufende Kontrollen des Lagers (nach jeder Entnahme) nötig. (1)
Sie eignet sich daher insbesondere für Güter, die einen unregelmäßigen Verbrauch und niedrige Voraussagesicherheit
oder aber saisonale Schwankungen aufweisen sowie für
Güter die hohe oder mittlere Priorität bei der Materialdisposition besitzen. (1)

(s,S)-Politik
Wenn ein bestimmter Meldebestand erreicht oder
unterschritten wird, wird eine Bestellung ausgelöst, bei der
wieder bis zum festgelegten Sollbestand aufgefüllt wird
(variable Bestellmenge und Bestellperiode). (1)
Es handelt sich damit um ein Bestellpunktsystem. (1)

Stärke: Höchstbestände im Lager sind begrenzt und
Fehlbestände werden vermieden. (1)

Schwäche: Sehr aufwendige Bestellpolitik handelt, da eine
laufende und genaue Kontrolle des Lagerbestandes nötig ist. (1)

Sie eignet sich daher insbesondere für Güter, die sowohl
einen unregelmäßigen Verbrauch und niedrige Voraussagesicherheit als auch einen hohen Wert bei niedrigem Anteil an
der Gesamtmenge der Güter haben und daher besondere Priorität bei der Materialdisposition besitzen. (1)

Klausur 6: Produktionswirtschaft

Lösung Aufgabe 1:   **Punkte**

Hinweis: Kursiv geschriebene Passagen stellen Bearbeitungshinweise dar und gehören nicht zur Lösung!

a)
Die Lösung dieser Aufgabe erfolgt über die Ermittlung der Stückdeckungsbeiträge der einzelnen Produkte und die Überprüfung der benötigten Kapazitäten der einzelnen Verfahren. Dazu müssen zunächst die Grenzkosten für jeden Fertigungsschritt und jedes Verfahren ermittelt werden. Dies geschieht durch Multiplikation der jeweiligen Kostensätze mit den Verbrauchskoeffizienten.

Grenzkosten in Cent/Stk. zur Ermittlung der Stückdeckungsbeiträge (jeweils Kostensatz * Verbrauchskoeffizienten):   (0,5)

Fertigungs-schritt	Schneiden	Nähen		Sticken
Verfahren	-	Vollauto-matisch	Handnäh-maschine	-
T-Shirts	50	200	225	90
Hemden	200	600	600	90
Blusen	200	700	675	90

                                                              (4,5)
Berechnung der Stückdeckungsbeiträge:
db = Absatzpreis - variable Stückkosten - Grenzkosten je Fertigungsschritt. Achtung: Bei mehreren Verfahren: Grenzkosten des günstigsten Verfahrens wählen!

Berechnung der Stückdeckungsbeiträge:

Stück-DB (T-Shirts) = $1000 - 200 - 50 - 200 - 90 = 460$
Stück-DB (Hemden) = $1500 - 650 - 200 - 600 - 90 = -40$
Stück-DB (Blusen) = $2000 - 800 - 675 - 200 - 90 = 235$ (3)

Der Stückdeckungsbeitrag der Hemden ist negativ, so dass diese nicht produziert werden. Die anderen Produkte mit positiven Stückdeckungsbeiträgen werden hergestellt. (0,5)

Als Nächstes muss geprüft werden, ob die Kapazitäten bei den einzelnen Fertigungsschritten und Verfahren ausreichen. Dazu sind die maximalen Absatzmengen mit den Verbrauchskoeffizienten des jeweils günstigsten Verfahrens zu multiplizieren.

Prüfen: Kapazitätsengpässe?

Fertigungs-schritt	Schneiden	Nähen		Sticken
Verfahren	-	Vollautomatisch	Handnähmaschine	-
T-Shirts	750	1500	0	900
Blusen	500	0	1125	150
Summe Auslastung (min)	1250	1500	1125	1050

(7)

Vergleicht man die Summe der Auslastungen der einzelnen Fertigungsschritte mit den jeweils maximalen Kapazitäten so wird beim Fertigungsschritt "Nähen" ein Kapazitätsengpass deutlich (berechnete Auslastung 1500 min > 1300 min maximale Kapazität).

Engpass: Fertigungsschritt Nähen! (0,5)

*Um das optimale Produktionsprogramm zu erreichen, müssen die T-Shirts im Schritt "Nähen" bis zur Kapazitätsgrenze der automatischen Fertigung hergestellt werden (1300 / 10 = 130 Stück). Dann ist zu prüfen, ob die restlichen 20 T-Shirts mit der Handnähmaschine hergestellt werden können, ohne die Kapazitätsgrenze zu überschreiten! Verfügbare Kapazität: 1500 min. - benötigte Kapazität Blusen: 1125 min. = freie Kapazität: 375 min. Das manuelle Nähen der 20 T-Shirts braucht 300 min. (20 * 15 min.).*

Optimales Produktionsprogramm:

Fertigungs-schritt	Schneiden	Nähen		Sticken
Verfahren	-	Vollauto-matisch	Handnäh-maschine	-
T-Shirts	750	1300	300	900
Blusen	500	0	1125	150
Summe Auslastung (min)	1250	1300	1425	1050

(5)

Es werden 150 T-Shirts und 25 Blusen gefertigt. (1)

b)
Gesamtdeckungsbeitrag des optimalen Produktions-programms:

Deckungsbeitrag (T-Shirts) =
$150 * 1000 - (150 * 200 + 150 * 50 + 130 * 200 + 20 * 225 + 150 * 90)$ (2)
$= 68.500$ Cent

Deckungsbeitrag (Blusen)
$= 25 * 235 = 5875$ Cent (0,5)

Gesamtdeckungsbeitrag = 74.375 Cent (0,5)

Zur Berechnung des Deckungsbeitrags der T-Shirts kann nicht, wie bei den Blusen, der Stückdeckungsbeitrag genutzt werden, da zur Berechnung des Stückdeckungsbeitrag zuvor ausschließlich das günstigere automatische Nähverfahren genutzt wurde!

Lösung Aufgabe 2:
a)
Gozinto-Graph:

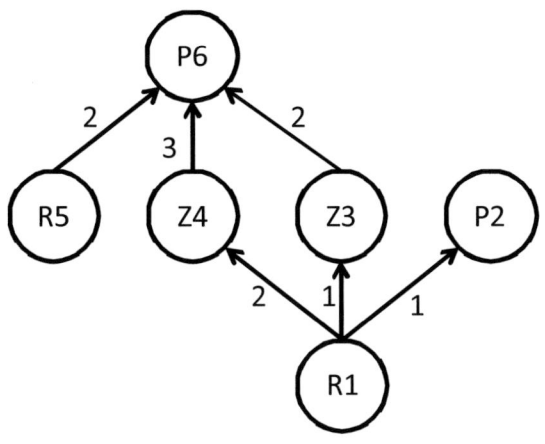

(5)

1. Stufe: divergierende Erzeugnisstruktur (jedes Erzeugnis hat maximal einen direkten Vorgänger, kann aber mehrere Nachfolger haben) (1)

2. Stufe: konvergierende Erzeugnisstruktur (jedes Erzeugnis hat maximal einen direkten Nachfolger, kann aber mehrere Vorgänger haben) (1)

b)
Vor der Fremdbeschaffung werden 1 * 2 + 2 * 3 = 8 Einheiten von R1 pro Einheit P6 benötigt.

→ Maximal produzierbare Menge: 160/8 = 20 Einheiten P6. (1)
Durch den Zukauf von Z4 werden jetzt 2 * 3 = 6 Einheiten R1 pro P6 eingespart. Es werden also nur noch 1 * 2 = 2 Einheiten R1 benötigt. (1)

→ Ja, die maximal herstellbare Menge von P6 ändert sich.

→ Maximal produzierbare Menge: 160 / 2 = 80 Einheiten P6, d.h. die produzierbare Menge erhöht sich um 60 Einheiten! R1 ist kein Engpass mehr. (1)

75

Lösung Aufgabe 3:
a)
Lineares Erfolgmodell:

1. Zielfunktion:
Deckungsbeitrag = $(2.000 - 1.800)x_5 + (1.250 - 1.150)x_6$
$= 200x_5 + 100x_6 \Leftrightarrow x_6 = DB/100 - 2x_5$ (2)

2. Entscheidungsregel: Maximiere den Deckungsbeitrag! (0,5)

3. Nebenbedingungen / Restriktionen:

I. $8x_5 + 5x_6 < 6000$ = Kapazitätsrestriktion
Funktechnikproduktion (1,5)
II. $6x_5 + 12x_6 < 8400$ = Kapazitätsrestriktion Endkontrolle (1,5)
III. $10x_5 < 7000$ = Kapazitätsrestriktion Gehäuse Peter!Box (1)
IV. $10x_6 < 8000$ = Kapazitätsrestr. Gehäuse Peter!Media (1)
V. $x_5 < 1.200$ = Absatzrestriktion Peter!Box (1)
VI. $x_6 < 600$ = Absatzrestriktion Peter!Media (1)

4. Nichtnegativitätsbedingung: $x_5, x_6 > 0$ (0,5)

b)

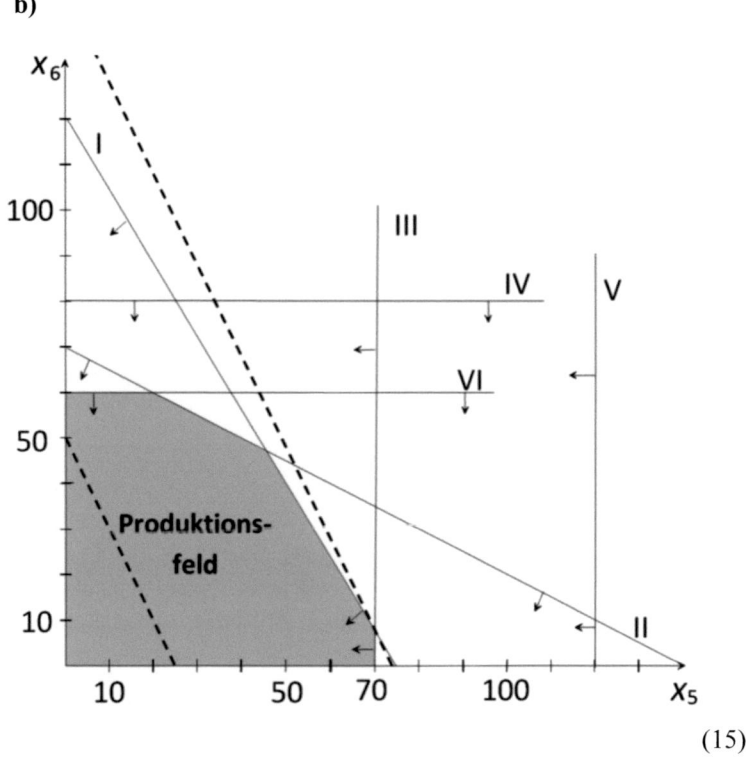

(15)

Klausur 7: Produktionstheorie

Lösung Aufgabe 1: **Punkte**

a)
Beispielhafte Skizze:

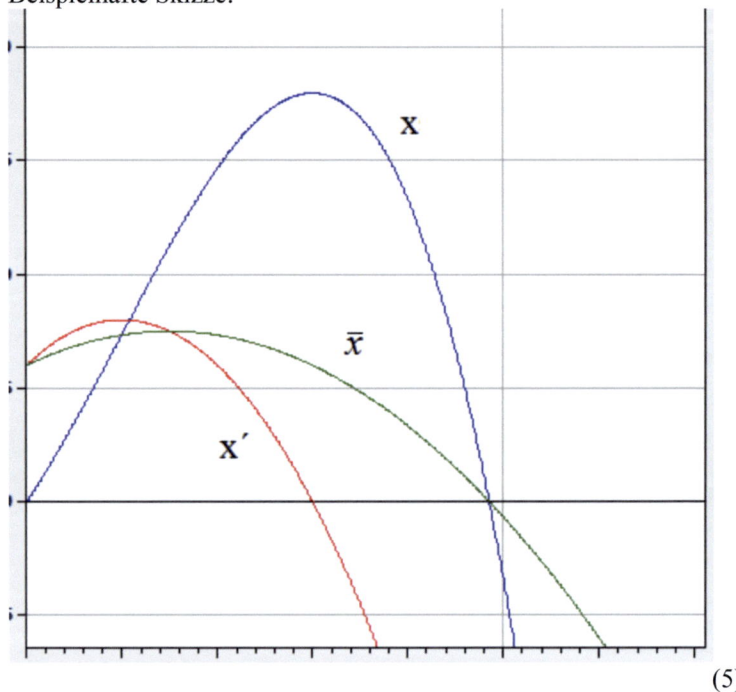

(5)

b)
Beispiel: Agrarproduktion. Hält man alle anderen Faktoren konstant, so kann man mit steigender Düngung (= variabler Faktor) zunächst steigende Ertragszuwächse verzeichnen. Diese werden mit zunehmender Düngung jedoch immer geringer (= abnehmende Ertragszuwächse). Bei Überdüngung werden die Ertragszuwächse nach Erzielen des Produktionsmaximums irgendwann sogar negativ und die Erträge nehmen absolut ab. (2)

c)

Berechnung: Durchschnittsertragsfunktion (1,5)

$$\bar{x} = -\frac{1}{6}v^2 + 2v$$

Berechnung: Grenzertragsfunktion (1,5)

$$x` = -\frac{1}{2}v^2 + 4v$$

d)

Berechnung: maximaler Gesamtertrag (2)

$$x` = -\frac{1}{2}v^2 + 4v = 0$$

$$0 = v(v - 8)$$

$$\Rightarrow v = 8 \rightarrow x_8 = 42,67$$

Berechnung: maximaler Grenzertrag (1,5)

$$x`` = -v + 4 = 0$$

$$\Rightarrow v = 4 \rightarrow x_4 = 8$$

Berechnung: maximaler Durchschnittsertrag (1,5)

$$\bar{x}` = -\frac{1}{3}v + 2 = 0$$

$$v = 6 \rightarrow x_6 = 6$$

Lösung Aufgabe 2:

a)

Errechnung der kostenminimalen Intensität bei $k_1 = 4$ und $k_2 = 2$:

$$
\begin{aligned}
k(\rho) &= 4\,(4 + 0,2\rho) + 2\,(0,6\rho^2 - 4\rho + 10)\\
&= 16 + 0,8\rho + 1,2\rho^2 - 8\rho + 20\\
&= 1,2\rho^2 - 7,2\rho + 36 \qquad (2)
\end{aligned}
$$

$$
\begin{aligned}
k`(\rho) &= 2,4\rho - 7,2 = 0\\
&\Rightarrow 2,4\rho = 7,2\\
&\Rightarrow \rho = 3 \qquad (1)
\end{aligned}
$$

Die kostenminimale Intensität liegt bei $\rho = 3$.

b)

Deckungsbeitragsmaximale Produktquantität:

Deckungsbeitrag = Erlös – Kosten

Bei kostenminimaler Intensität fallen folgende Kosten/Stück an:

$$k(3) = 1,2 * 32 - 7,2 * 3 + 36 = 25,2 \tag{1}$$

$$D(x) = 30x - 25,2x = 4,8x \tag{1}$$

$$D' = 4,8 \text{ (Grenzdeckungsbeitrag)} \tag{1}$$

Mit jeder zusätzlich verkauften Produkteinheit kann demnach ein positiver Deckungsbeitrag erzielt werden. Es sollte deshalb die maximale Produktquantität hergestellt werden, die zu folgendem Deckungsbeitrag führt:

$$D(28) = 134,4 \tag{1}$$

c)

Mit der kostenminimalen Intensität $\rho=3$ können maximal 3 * 10 = 30 Einheiten (bei max. 10 Stunden Betriebszeit) hergestellt werden. (1)

D.h. die kostenminimale Intensität reicht nicht aus! Daher ist eine intensitätsmäßige Anpassung vorzunehmen: (0,5)

$$\rho = x/t_{max} = 70 / 10 = 7 \tag{0,5}$$

Dabei entstehen folgende Gesamtkosten:

$$
\begin{aligned}
K(x) &= (1,2\rho^2 - 7,2\rho + 36) * x \quad \text{mit } \rho = 7; \, x = 70 \\
&= (1,2 * 49 - 7,2 * 7 + 36) * 70 \\
&= 3108
\end{aligned}
\tag{2}
$$

d)

Durch den Einsatz des Leiharbeiters könnten bei kostenminimaler Intensität nun 60 Einheiten pro Tag (= 3 Einheiten pro Stunde * 20 Stunden pro Tag) hergestellt werden. Es ist also immer noch eine intensitätsmäßige Anpassung notwendig. (1)

Dies führt zu folgender kostenminimaler Intensität:

$$\rho = x/t_{max} = 70 / 20 = 3,5 \tag{1}$$

Damit entstehen folgende Herstellungskosten:

$K(x) = (1{,}2\rho^2 - 7{,}2\rho + 36) * x \quad \text{mit } \rho = 3{,}5; x = 70$
$= (1{,}2 * 3{,}52 - 7{,}2 * 3{,}5 + 36) * 70$
$= 1785 \hfill (1)$

$3108 - 1785 = 1323$

Der Einsatz des Leiharbeiters ist demnach sinnvoll, wenn er weniger als die eingesparte Summe i.H.v. 1323 GE kostet. (1)

Lösung Aufgabe 3:
a)
Die Minimalkostenkombination beschreibt für gegebene Produktquantität die kostengünstigste Faktorkombination. Sie ergibt sich am Tangentialpunkt von Produktisoquante und bestmöglicher (= niedrigster) Kostenisoquante.
Produktisoquante:

$x = 2v_1v_2 \quad \text{mit } x = 200$
$\Rightarrow 200 = 2v_1v_2$
$\Rightarrow v_2 = 100/v_1 \hfill (2)$

$K = p_1v_1 + p_2v_2 = 2v_1 + 4v_2$
$\Rightarrow 4v_2 = K - 2v_1$
$\Rightarrow v_2 = K/4 - 1/2v_1 \hfill (2)$
Funktionsschar paralleler Kostenisoquanten mit Steigung "-1/2".

Wertetabelle (selbst gewählte Werte): (1)

v_1	v_2
5	20
10	10
15	6,67
20	5
25	4

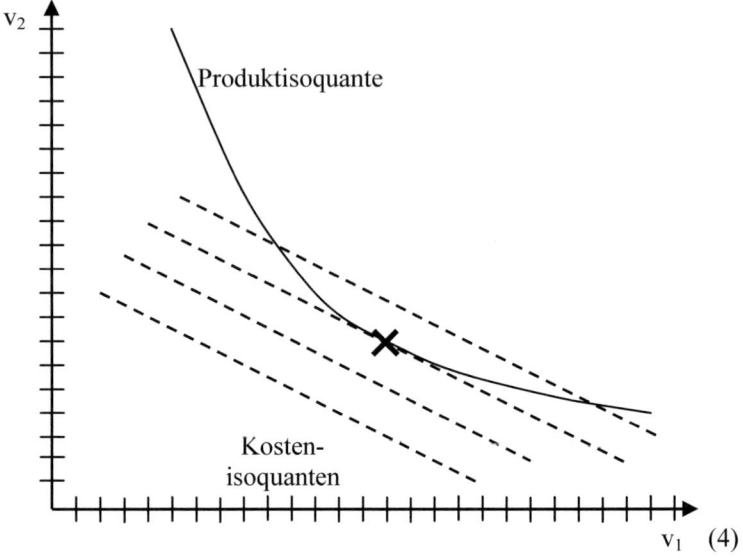

v_1 (4)

b)

Hinweis: Rechnerisch ergibt sich der Tangentialpunkt dort, wo die Steigung der beiden Kurven gleich ist. Die Steigung der Produktisoquante entspricht der Faktorsubstitutionsrate. Die Faktorsubstitutionsrate gibt an, um wie viel die Einsatzmenge eines Faktor bei substitutionaler Produktion entlang der Isoquante (d.h. bei effizienter Produktion) erhöht werden muss, um die Einsatzmenge des anderen Faktors senken zu können. Sie errechnet sich aus dem Betrag der partiellen Ableitung. Die Steigung der Kostenisoquante entspricht dem umgekehrten Preisverhältnis.

$$\left|\frac{dv_2}{dv_1}\right| = \frac{p_1}{p_2} \; mit \; \frac{dv_1}{dv_2} = \left(\frac{100}{v_1}\right)' = -\frac{100}{v_1^2}$$

$$\Rightarrow 100/v_1^2 = 2/4$$

$$\Leftrightarrow v_1^2 = 400/2 = 200$$

$$\Rightarrow v_1 = 14,14$$

$$\Rightarrow v_2 = 7,07 \tag{5}$$

Als minimale Kosten ergeben sich:
K = 2 * 14,14 + 4 * 7,07 = 56,56 (1)

Lösung Aufgabe 4:
a)
Funktion "i." ist partiell substitutional: (1)
Substititionalität bedeutet, dass ein und dieselbe Produktquantität mit verschiedenen Faktorkombinationen hergestellt werden kann. (1)
Beide Faktoren sind allerdings nur partiell substituierbar, d.h. es kann auf keinen Faktor vollständig verzichtet werden. (0,5)
Würde auf einen Faktor völlig verzichtet ($v_1 = 0$ oder $v_2 = 0$), so könnte das Produkt nicht mehr hergestellt werden (x = 0), wie man an der multiplikativen Verknüpfung im Zähler erkennt. (1)

Funktion "ii." ist total substitutional: (1)
Totale Substitution bedeutet, dass man die Faktoren vollständig gegeneinander austauschen kann. (0,5)
Dies erkennt man an der additiven Verknüpfung der beiden Faktoren in der Produktionsfunktion. (1)

Funktion "iii." ist limitational: (1)
Limitationalität bedeutet, dass beide Faktoren sich nicht gegenseitig ersetzen können. Jede Produktquantität kann nur durch eine eindeutige Kombination von Einsatzfaktoren effizient hergestellt werden. (1)
Die Limitationalität erkennt man daran, dass die Produktionsfunktion hier aus einem Gleichungssystem mit zwei Gleichungen besteht, die jeweils eine explizite Faktorfunktion beschreiben. (1)

b)

i. $x = \dfrac{v_1 v_2}{2}$ $\;|x = 50$

$\Rightarrow 50 = \dfrac{v_1 v_2}{2}$

$\Leftrightarrow v_1 = \dfrac{100}{v_2}$ oder $v_2 = \dfrac{100}{v_1}$

(2)

ii. $x = 0{,}8v_1 + 2v_2$ $\;|x = 50$

$\Rightarrow 50 = 0{,}8v_1 + 2v_2$
$\Leftrightarrow 2v_2 = 50 - 0{,}8v_1$ oder $0{,}8v_1 = 50 - 2\,v_2$
$\Leftrightarrow v_2 = 25 - 0{,}4v_1$ oder $v_1 = 62{,}5 - 2{,}5\,v_2$

(2)

iii. $2v_1^{1{,}25} = x;\; v_2 = 4x^{1{,}4}$ $\;|x = 50$

$\Rightarrow 2v_1^{1{,}25} = 50$ und $v_2 = 4*50^{1{,}4}$
$\Leftrightarrow v_1^{1{,}25} = 25$ und $v_2 = 956{,}3525$
$\Leftrightarrow v_1 = 13{,}13$ und $v_2 = 956{,}3525$

(2)

Klausur 8: Personalwesen

Hinweis: In den Aufgaben dieser Klausur können jeweils theoretisch mehr als die angegebenen 20 bzw. 10 Punkte erreicht werden, es werden jedoch pro Aufgabe maximal 20 bzw. 10 Punkte vergeben!

Lösung Aufgabe 1:   **Punkte**

a)
Unter einer Unternehmenskultur versteht man die gemeinsam gelebten Werte, Normen und Denkhaltungen eines Unternehmens, die von einem Großteil der Belegschaft geteilt werden.   (2)

Eine Unternehmenskultur prägt das Verhalten der Mitarbeiter sowie das Erscheinungsbildung und die Identität eines Unternehmens nach innen und außen.   (2)

b)
Die Unternehmenskultur ist in der Regel historisch gewachsen, langfristig stabil und kurzfristig nicht bzw. schwer veränderbar.   (2)

Unter dem Betriebsklima eines Unternehmens hingegen versteht man die aktuelle typische Stimmungslage und Atmosphäre. Hier sind kurzfristige Einflussmöglichkeiten durchaus gegeben.   (2)

c)
Vorteile einer starken Unternehmenskultur:
- Positive Wirkungen auf die Motivation und das Commitment der Mitarbeiter   (2)
- Schnellere Informationsverarbeitung und Entscheidungsfindung durch effizientere Kommunikationsnetzwerke   (2)
- Höhere Handlungsorientierung durch Komplexitätsreduktion   (2)
- Geringerer Kontrollaufwand durch starkes Wertegerüst   (2)

d)
Nachteile einer starken Unternehmenskultur:
- Mangelnde Flexibilität gegenüber Veränderungen und Innovationen   (2)
- Blockierung und Ablehnung neuer Ideen   (2)
- Tendenz zur Abschließung gegenüber der Außenwelt und neuen Mitarbeitern: Betriebsblindheit   (2)

- Kollektives Vermeidungsverhalten und die übersteigerte
  Fixierung auf traditionelle Erfolgsmotive (2)

Lösung Aufgabe 2:
a)
Unter einem Einstellungsstopp versteht man eine kurzfristige
Personalfreisetzungsmaßnahme, bei der ausscheidende Mitarbeiter durch freiwillige Fluktuation, Pensionierung oder Kün-
digung nicht wieder ersetzt werden. (2)
Es finden keine neuen Ersatzbeschaffungen statt und in der
Regel finden auch keine Neubeschaffungen im Sinne der
Einstellung neuer Mitarbeiter für neu geschaffene Stellen
statt. (1)
Einstellungsstopps werden von der Unternehmensleitung in
der Regel für einen vorübergehenden Zeitraum angeordnet,
um kurzfristig Personalkosten zu senken. (1)

b)
Vorteile eines Einstellungsstopps:
- Kosten für Personalbeschaffung und -auswahl können
  kurzfristig und unmittelbar eingespart werden. (1,5)
- Personalkosten und -nebenkosten für Löhne und
  Gehälter können kurzfristig und unmittelbar eingespart
  werden. (1,5)
- Durch einen Einstellungsstopp können Überkapazitäten
  an Humanresourcen bzw. in der Vergangenheit unnötig
  aufgebaute Overheads abgebaut werden. (1,5)

Nachteile eines Einstellungsstopps:
- Durch einen Einstellungstop kommt es in der Regel
  insbesondere dadurch zu einer Überalterung der
  Belegschaft, dass pensionierte Mitarbeiter nicht mehr
  durch jüngere Mitarbeiter ersetzt werden. (1,5)
- Sinkt die Arbeitsbelastung nicht automatisch auch bei
  einem Einstellungsstopp so entfällt die Mehrarbeit auf
  die verbleibenden Mitarbeiter, die somit zusätzlich
  belastet und damit unter Umständen unmotivierter und
  unzufriedener werden. (1,5)
- Es fehlt an kreativen neuen Ideen, neuem Know-how
  von außen und frischem Wind durch neu eingestellte
  Mitarbeiter. (1,5)

Lösung Aufgabe 3:
a)
Unter einem Akkordlohn versteht man einen leistungsabhängigen Lohn, bei dem sich die Entlohnung nach dem mengenmäßigen Ergebnis richtet und nicht nach der Anwesenheit am Arbeitsplatz. (2)
Zu unterscheiden sind der Stückgeldakkord, bei dem für eine bestimmte Arbeitsleistung ein bestimmter Geldbetrag festgesetzt wird sowie der Stückzeitakkord, bei dem für eine bestimmte Arbeitsleistung eine bestimmte Zeit vorgegeben wird. (2)

b)
Vorteile des Akkordlohns:
- Durch die Option auf einen Mehrverdienst ergibt sich in der Regel ein Leistungsanreiz für die Mitarbeiter. (1,5)
- Eine Verrechnung der Lohnkosten in der Kostenrechnung wird vereinfacht, da mit konstanten Lohnkosten je produziertes Stück kalkuliert werden kann. (1,5)
- Es entsteht kein betriebliches Risiko für Minderleistungen der Mitarbeiter. (1,5)

Nachteile des Akkordlohns:
- Es besteht die Gefahr der Überbeanspruchung von Menschen und Maschinen. (1,5)
- Es besteht die Gefahr von Qualitätseinbußen und einer höheren Fehler- und Ausschussquote durch ein überhastetes Arbeitstempo. (1,5)
- Zur Ermittlung der Vorgabezeiten sind umfangreiche und unter Umständen kostenintensive Vorarbeiten notwendig. (1,5)

Lösung Aufgabe 4:
a)
Personalmarketing ist eine aus dem Produkt- und Dienstleistungsmarketing abgeleitete Denkhaltung, die den derzeitigen und potentiellen Mitarbeiter als Kunden begreift und in den Mittelpunkt personalpolitischen Handelns stellt. (2)

Das Unternehmen und seine Arbeitsplätze werden als Produkt verstanden, das aktuellen und potentiellen Mitarbeitern möglichst attraktiv dargestellt werden soll. (2)

Das interne Personalmarketing konzentriert sich auf die Zielgruppe der aktuellen Mitarbeiter und dient der Mitarbeiterbindung. (2)

Das externe Personalmarketing konzentriert sich auf die Zielgruppen der potentiellen Mitarbeiter, die für das Unternehmen begeistert und gewonnen werden sollen. (2)

b)
Instrumente des Personalmarketings:
- Leistungspolitik: z.B. Karriere- und Weiterbildungsmöglichkeiten, Gestaltung des Arbeitsumfelds, Unternehmenskultur, Gestaltung von Stellenprofile (3)
- Entgeltpolitik: z.B. Gehaltshöhe und -struktur, Gehaltsentwicklung, Sozial- und Nebenleistungen (3)
- Persönliche Kommunikationspolitik: z.B. Praktika und Diplomarbeiten, Hochschulmarketing, Vorträge und Workshops, Recruiting-Messen (3)
- Unpersönliche Kommunikationspolitik: z.B. Internet und Unternehmenshomepage, Stellenanzeigen, Social Media, Personalimagewerbung (3)

Klausur 9: Organisationstheorie

Hinweis: In den Aufgaben dieser Klausur können jeweils theoretisch mehr als die angegebenen 10 bzw. 30 Punkte erreicht werden, es werden jedoch pro Aufgabe maximal 10 bzw. 30 Punkte vergeben!

Lösung Aufgabe 1:   **Punkte**

a)

Unter der Leitungsspanne versteht man die Anzahl der Mitarbeiter, die einer Führungskraft bzw. einem Vorgesetzten direkt unterstellt sind.   (2)

Die Leitungspanne ist eine Kennzahl der Leitungsgliederung eines Unternehmens im Rahmen der Aufbauorganisation. Die Leitungsspanne wird auch als Kontrollspanne bezeichnet.   (2)

b)

Einflussfaktoren der Leitungsspanne:

- Qualifikation der Führungskräfte: z.b. Kompetenz und Erfahrung, Führungserfahrung, Durchsetzungsvermögen, Autorität   (1,5)
- Qualifikation der geführten Mitarbeiter: z.b. Kompetenz und Erfahrung, Persönlichkeit, Arbeitsstil, Motivation, Eigenständigkeit   (1,5)
- Zu erledigende Aufgabe: z.b. Komplexitäts- und Innovationsgrad, Qualitätserfordernisse, Qualifikationserfordernisse, Kontrollerfordernisse   (1,5)
- Organisationscharakteristika: z.b. Kommunikationssystem und -technologie, Unternehmenskultur und Führungsstil   (1,5)

Lösung Aufgabe 2:

a)

Die Einlinienorganisation stellt eine Form der Aufbauorganisation dar.   (1)

Bei der Einlinienorganisation ist jeder Stelle nur eine weisungsbefugte Instanz (ein Vorgesetzter) übergeordnet.   (1)

Bei der Einlinienorganisation darf eine übergeordnete Instanz mehreren untergeordneten Stellen Weisungen erteilen, eine untergeordnete Stelle aber nur von einer Instanz Weisungen entgegen nehmen.   (1)

Bei der Einlinienorganisation sind sämtliche Stellen und Abteilungen in einen einheitlichen Instanzweg eingegliedert, von dem nicht abgewichen werden darf. (1)

b)
Vorteile der Einlinienorganisation:
- Es gibt klare und eindeutige Weisungs- und Befehlswege. (1,5)
- Es gibt eine klare und eindeutige Kompetenzabgrenzung. (1,5)
-

Nachteile der Einlinienorganisation:
- Es entstehen lange und unter Umständen schwerfällige Informations- und Kommunikationswege. (1,5)
- Es kann zu einer Überlastung der Unternehmensführung kommen. (1,5)
- Es kommt häufig zu einer Entstehung ausgeprägter informeller Kommunikationsnetze. (1,5)

Lösung Aufgabe 3:
a)
Die Mehrlinienorganisation stellt eine Form der Aufbauorganisation dar und wird meist auch als Funktionalsystem oder Funktionsmeisterprinzip bezeichnet. (1)
Bei der Mehrlinienorganisation bestehen fachliche (funktionale) Unterstellungsverhältnisse. (1)
Bei der Mehrlinienorganisation erhält jede ausführende Stelle von mehreren spezialisierten Vorgesetzten Anweisungen. (1)
In der Unternehmenspraxis kommt der Mehrlinienorganisation eine untergeordnete Bedeutung zu. (1)

b)
Vorteile der Mehrlinienorganisation:
- Bei der Mehrlinienorganisation können Entscheidungen aufgrund schnellerer Informations- und Befehlswege schneller getroffen werden. (1,5)
- Aufgrund der Spezialisierung der Vorgesetzten können bessere bzw. qualitativ hochwertigere Entscheidungen getroffen werden. (1,5)

Nachteile der Mehrlinienorganisation:
- Bei der Mehrlinienorganisation fehlt ein Gesamtverant-
wortlicher für die Ergebnisse einer Organisationseinheit. (1,5)
- Es kommt zu Überschneidungen von Kompetenzen und
Verantwortlichkeiten. (1,5)
- Untergebene können durch die vielfältigen und sich
überschneidenden Weisungsbeziehungen verunsichert
werden. (1,5)

Lösung Aufgabe 4:
a)
Projekte sind zeitlich befristet: ein Start- und Endzeitpunkt
werden im Vorfeld einer Projektarbeit vordefiniert. (2)
Für ein Projekt gibt es stets eine spezifische Zielvorgabe, die
sich aus den allgemeinen Unternehmenszielen ableitet oder
diese erweitert. (2)
Die Projektaufgaben kennzeichnen sich in der Regel durch
eine gewisse Neuartigkeit, d.h. eine derartige Aufgabe wurde
im Unternehmen bisher in dieser Form nicht bearbeitet. (2)
Ein Projekt besteht in der Regel aus einer Mehrzahl an Ein-
zelaufgaben, die sich zu **einer komplexen** und umfangrei-
chen Gesamtaufgabe zusammensetzen. (2)
Projekte sind im Vergleich zu Routinetätigkeiten stets mit
einer gewissen Unsicherheit und einem Risiko verbunden. (2)

b)
Stabs-Projekt-Organisation:
- Bestimmten Instanzen im Unternehmen werden Projekt-
stäbe zugeordnet, die eine Projektaufgabe in beratender
Funktion übernehmen. (2)
- Die entscheidungstragenden und verantwortlichen
Linieninstanzen werden durch die Projektstäbe unters-
tützt, Informationen werden zusammengetragen, ausge-
wertet und aufbereitet. (1,5)
- Die grundlegende Organisationsstruktur des Unterneh-
mens bleibt bestehen und wird nicht verändert. (1,5)

Matrix-Projekt-Organisation:
- An der Schnittstelle von verrichtungs- und projekt- bzw. objektorientierten Instanzen werden Projektmanager installiert. (2)
- Die Projektmanager erhalten Weisungen von einer klassischen Linieninstanz sowie von einer projektbezogenen Stelle. (1,5)
- Expertise und Spezialkenntnisse der Projektmanager können so besser genutzt werden. (1,5)

Reine Projekt-Organisation:
- Für jedes Projekt wird eine neue und eigenständige Organisationseinheit im Sinne einer Abteilung eingerichtet. (2)
- Der Projekt-Manager hat vollständige Kompetenz und Weisungsbefugnis gegenüber den ihm unterstellten Projektmitarbeitern. (1,5)
- Kommunikationswege und Ressourcenzuordnungen innerhalb der Projekt-Organisation sind hier klar und eindeutig definiert. (1,5)

c)
Projektorganisationen zeichnen sich vielfach durch eine uneinheitliche und unklare Leitung aus. (1)
Es entstehen häufig Konflikte in den projekt- und linienüberschneidenden Kompetenz- und Weisungsbeziehungen. (1)
Die mit einem Projekt häufig verbundene Unsicherheit und Komplexität machen eine realistische Ressourcen- und Zeitplanung stets sehr problemtisch und sogar häufig unmöglich. (1)
Es entstehen häufig Reintegrationsprobleme der Projektmitarbeiter nach Abschluss des Projektes. (1)
Aufgrund der komplexen und neuartigen Projektaufgabe werden besondere und hohe Anforderungen an die Projektmitarbeiter und deren Zusammenarbeit gestellt. (1)

Klausur 10: Unternehmensführung

Hinweis: In Aufgabe 2 dieser Klausur können jeweils theoretisch mehr als die angegebenen 30 Punkte erreicht werden, es werden jedoch maximal 30 Punkte vergeben!

Lösung Aufgabe 1:   **Punkte**

Unternehmensziele beschreiben das Geflecht an verbindlichen Sollvorgaben, die die Steuerung aller Unternehmensaktivitäten determinieren. (2)

Unternehmensziele können nur dann als wesentliche Maßgabe zur Unternehmenssteuerung herangezogen werden, wenn Sie der aktuellen und zukünftigen Unternehmensin- und -umwelt ausreichend Rechnung tragen. (2)

Beispiele für Einflussfaktoren aus der Unternehmensumwelt sind: Marktpartner (Kunden und Lieferanten), Kapitalgeber, Anteilseigner und/oder Eigentümer, Soziale Gruppen, Staat, Öffentlichkeit. (2)

Beispiele für Einflussfaktoren aus der Unternehmensinwelt sind: Arbeitnehmer, Arbeitnehmervertreter, Leistungsprogramm, verfügbare Ressourcen. (2)

Unternehmensziele lassen sich in Sachziele (beziehen sich auf das konkrete Leistungsprogramm und den Unternehmenszweck) sowie Formalziele (beziehen sich auf die Art und Weise bzw. Effizienzmerkmale der Leistungserstellung) differenzieren. (2)

Unternehmensziele gilt es stets ausreichend konkret zu operationalisieren: dazu sind Zielinhalt, Zielausmaß und zeitlicher/personeller/räumlicher Bezug festzulegen. (2)

Beispiele für mögliche Unternehmensziele sind:
- Marktleistungsziele: z.B. Produktqualität, Produktinnovation (1)
- Marktstellungsziele: z.B. Marktanteil, Umsatz (1)
- Rentabilitätsziele: z.B. Gewinn, Eigenkapitalrentabilität (1)
- Finanzwirtschaftliche Ziele: z.B. Liquidität, Bonität (1)
- Soziale Ziele, z.B. Mitarbeiterzufriedenheit, Arbeitsplatzsicherheit (1)
- Gesellschaftliche Ziele, z.B. Umweltschutz, Sponsoring (1)

Funktionen von Zielen:
- Selektionsfunktion, d.h. die Definition von Unternehmenszielen ermöglicht die Selektion der daraus abzuleitenden und umzusetzenden Maßnahmen zur Zielerreichung. (2)
- Orientierungsfunktion, d.h. allen Unternehmensmitgliedern wird durch Ziele verdeutlicht, woran Sie ihre Aktivitäten und Maßnahmen orientieren und ausrichten sollen. (2)
- Steuerungsfunktion, d.h. die Unternehmensaktivitäten können durch das Herunterbrechen von Unternehmenszielen auf Funktions-, Abteilungs- und Entscheidungsziele gesteuert werden. (2)
- Motivations- und Anreizfunktion, d.h. Mitarbeiter werden durch Zielsetzungen und das Streben nach deren Erreichen positiv motiviert, insbesondere dann, wenn die Vergütungsstrukturen auch an die Erreichung von Zielen geknüpft sind. (2)
- Koordinationsfunktion, d.h. die verschiedenen Funktionsbereiche lassen sich durch definierte Unternehmenszieleabstimmen und koordinieren. (2)
- Kontrollfunktion, d.h. nur wenn Sollzustände vorab definiert sind, lässt sich dann auch die Zielerreichung anhand der vorliegenden Istzustände kontrollieren. (2)

Lösung Aufgabe 2:
Definition mittelständisches Unternehmen:
- Es gibt keine gesetzliche oder allgemein gültige Definition für mittelständische Unternehmen. Es können sowohl quantitative als auch qualitative Aspekte herangezogen werden. (1)
- Im Bezug auf die Mitarbeiterzahl spricht man beispielsweise bei weniger als 500 Beschäftigten, im Bezug auf den Jahresumsatz bei bis zu 50 Mio. € von einem mittelständischen Unternehmen. (2)

Definition Internationalisierung:
- Unter einer Internationalisierungsstrategie versteht man die grundsätzliche Handlungskonzeption des Managements zur grenzüberschreitenden Unterneh-

mensaktivität, um unternehmerische Ziele länder-
übergreifend zu erreichen. (2)
-
Chancen der Internationalisierung für mittelständische Unter-
nehmen:
- Unternehmenswachstum (2)
- Langfristige Marktsicherung insbesondere bei einem
gesättigten Heimatmarkt (2)
- Risikostreuung (2)
- Absatzsteigerung durch eine größere Nähe zum Kunden (2)
- Zugang zu Rohstoffen und Know-how (2)
- Ausnutzung von Produktions- und Lohnkostenvorteilen (2)

Risiken der Internationalisierung für mittelständische Unter-
nehmen:
- Fehlende Marktkenntnisse im Bezug auf Kunden-
wünsche und -anforderungen sowie Konkurrenz-
situation und Lieferanten (2)
- Fehlendes Know-how und mangelnde Qualifikation der
Mitarbeiter (z.B. sprachliche Barrieren) (2)
- Fehlende personelle Ressourcen (2)
- Ungeeignete Führungs- bzw. Organisationsstruktur (2)
- Fehlende finanzielle Ressourcen und Finanzierungs-
möglichkeiten (2)
- Schwer kalkulierbare Risiken und Herausforderungen (2)
- Kulturelle Unterschiede und Barrieren (2)

Handlungsempfehlungen für die Umsetzung:
- Kooperative Markterschließungsformen: Lizenzver-
gabe, Franchise-Konzepte oder Joint-Ventu-
res/Kooperationen (2)
- Internationale Management- und Führungskompetenz
aufbauen (2)
- Sukzessive Internationalisierung: keine simultane
Internationalisierung in mehreren Länder zur gleichen
Zeit. (2)

Klausur 11: Investition und Finanzierung

Lösung Aufgabe 1: **Punkte**

a)

Eigenkapitalrentabilität EKR

(bezogen auf das Eigenkapital zu Jahresbeginn)

$$EKR = \frac{Jahresüberschuß}{Eigenkapital} = \frac{7,0}{33,8} \cong 20,71\%$$ (3,0)

hohe Eigenkapitalrentabilität; rentables Geschäftsjahr für die
Gesellschafter; relativ hohe Verzinsung ihres Kapitals (1,5)

Gesamtkapitalrentabilität GKR

(bezogen auf das Gesamtkapital zu Jahresbeginn)

$$GKR = \frac{Jahresüberschuß + Zinsaufwand}{Gesamtkapital} = \frac{7,0 + 4,8}{90,1 - 7,0} \cong 14,2\%$$ (3,0)

hohe Gesamtkapitalrentabilität bestätigt das erfolgreiche Jahr
2009, allerdings auch hohe Risiken in dieser Branche bzw.
bei den Kunden
=> insgesamt angemessene Rendite (1,5)

Finanzierungskostensatz:

$$s = \frac{Zinsaufwand}{Fremdkapital} = \frac{4,8}{49,3} \cong 9,74\%$$ (2,0)

relativ hohe Finanzierungskosten, begründbar durch hohes
Risiko der Branche und das relativ junge Unternehmen (1,5)

Leverage-Formel:

$$EKR = GKR + (GKR - s)\frac{FK}{EK}$$

$$EKR = 14,2\% + (14,2\% - 9,74\%)\frac{49,3}{33,8} \cong 20,71\%$$ (3,0)

Die Gesamtkapitalrentabilität liegt deutlich über dem Finanzierungskostensatz, so dass über die Verschuldung ein
zusätzlicher positiver Effekt erzielt wird (= positiver Hebel). (1,5)

b)

	Verbindlichkeiten aus Lieferungen u. Leistungen	15,5
+	Verbindlichkeiten gegenüber Kreditinstituten	18,8
+	Sonstige Verbindlichkeiten	2,0
+	Kurzfristige Rückstellungen	3,0
+	Dividende (bei Vollausschüttung)	7,0
-	Liquidität (=Kasse)	10,4
=	Effektivverschuldung	*35,9*

(5,0)

	Jahresüberschuss	7,0
+	Abschreibungen	5,7
-	Zuschreibungen	0,8
+	Erhöhung langfristiger Rückstellungen	1,0
=	Cash Flow	12,9

(4,0)

$$Dynamische\;\text{Verschuldung} = \frac{Effektivverschuldung}{Cash\;Flow} = \frac{35,9}{12,9} = 2,78\,\text{Jahre}$$

(2,0)

Die Chemisana benötigt weniger als 3 Jahre um die Effektivverschuldung aus dem Umsatzprozess heraus zurückzuzahlen (trotz der Vollausschüttung in 2009). (2,0)

c)
Die Finanzierung des Wachstums wird Schwierigkeiten bereiten!
=> entweder Verzicht auf Wachstum oder Finanzierung
   sicherstellen (2,5)
Die Innenfinanzierung ist möglich und sinnvoll, wird jedoch begrenzt durch den Cash Flow, die Ersatzinvestitionen und die Dividende. (2,0)
Eine zusätzliche Außenfinanzierung wird bei diesen Wachstumsraten unumgänglich sein: (2,0)
   - Beteiligungsfinanzierung: Kapitalerhöhung durch Gesellschafter, Aufnahme neue Gesellschafter. (1,5)
   - Kreditfinanzierung: möglich und machbar (Investitionsrendite übertrifft Finanzierungskostensatz), aber vermutlich nicht ausreichend (1,5)

- Ergänzung um Kreditsubstitute wie Leasing, Factoring (1,0)
- going public als potentielle Finanzierungsquelle (1,5)

Gefahr von Interessenkonflikte zwischen den beiden Geschäftsführern und ggf. weiteren Gesellschaftern (2,0)

Lösung Aufgabe 2:

Daten: $p = 3,6\%; i = 0,036; n = 5; m = 12; C_0 = 5.000€$

a)

Umrechnung des Nominalzinses in den Monatszins:

$$p^* = \frac{p}{m} = \frac{3,6\%}{12} = 0,3\%; \quad i^* = 0,003$$

Berechnung der Auszahlung am 01.12.2015:

$$C_n = C_0 * (1 + i^*)^{(m*n)}$$
$$= 5.000\,€ * (1 + 0,003)^{(12*5)}$$
$$= 5.000\,€ * (1,003)^{60}$$
$$= 5.000\,€ * 1,1968948$$
$$= 5.984,47\,€$$

(3,0)

b)

Ermittlung des effektiven Jahreszinses i^{eff}:

aus $C_n = C_0(1 + i^*)^{(m*n)} = C_0(1 + i^{eff})^n = C_n$ hergeleitet:

$$i^{eff} = (1 + i^*)^m - 1$$
$$= (1 + 0,003)^{12} - 1$$
$$= 0,0366$$
$$= 3,66\%$$

[Test: $C_n = 5.000€(1 + 0,0366)^5 = 5.984,47€$]

(3,0)

c)

$C_n = 5.000€ \ x \ 1,25 = 6.250€$

Ermittlung Nominalzins

$C_n = C_0(1 + i*)^{(m*n)}$

$6.250€ = 5.000€(1 + i*)^{(12*5)}$

$$\frac{6.250€}{5.000€} = (1 + i*)^{60} \qquad\qquad (5,0)$$

$$\sqrt[60]{\frac{6.250€}{5.000€}} - 1 = i*$$

$i* = 0,003726; p* = 0,3726\%$

$p = p * x \, 12 = 0,3726\% \ x \, 12 = 4,47\%$

Lösung Aufgabe 3:
- Identität von Soll- und Habenzinsfuß = Kalkulationszins   (1,0)
- keine Informations-, Transaktionskosten und Steuern   (1,0)
- keine rechtlichen und institutionellen Beschränkungen   (1,0)
- symmetrische Informationsverteilung und
  Risikoerwartung aller Marktteilnehmer   (1,0)
- keine Präferenzen (räumlich, zeitlich, sachlich,
  persönlich)   (1,0)

Klausur 12: Investition und Finanzierung

Lösung Aufgabe 1:   **Punkte**

a)
Ermittlung der Abschreibungen:
AfA 2009   =   Sach-AV 2008 – Sach-AV 2009 +
               Neuinvestitionen
AfA 2009 = 783 Mio. € – 730 Mio. € + 25 Mio. € = 78 Mio. €   (2,0)

Ermittlung der Zuschreibungen:
Zuschreibungen 2009 = Finanzanlagen 2009 – Finanzanlagen
2008
Zuschreibungen 2009 = 116 Mio. € – 111 Mio. € = 5 Mio. €   (2,0)

Ermittlung der Veränderung der langfristigen Rückstellungen:
Veränderung langfristiger Rückstellungen 2009 =
Pensionsrückstellungen 2009 – Pensionsrückstellungen 2008
= 179 Mio. € – 172 Mio. € = 7 Mio. €   (2,0)

Cash Flow Ermittlung:

Jahresüberschuss	20
+ Abschreibungen	78
- Zuschreibungen	- 5
+ Erhöhung langfr. Rückstellungen	7
= Cash Flow	100

(3,0)

b)
Aussagegehalt des Cash Flow:
- Umsatzüberschuss
- Maß der Innenfinanzierungsfähigkeit der Unternehmung
- ungleich Liquidität am Jahresende   (2,0)

Definition Dynamischer Verschuldungsgrad:
$$Dynamischer Verschuldungsgrad = \frac{Effektivverschuldung}{Cash\,Flow}$$ (2,0)

Aussagegehalt des dynamischen Verschuldungsgrades:
Anzahl der Jahre zur Tilgung der Effektivverschuldung aus
erwirtschafteten Umsatzüberschüssen   (1,0)

Zusammenhang Cash Flow – Dynamischer Verschuldungsgrad:
- je höher der Cash Flow, desto geringer dynamische Verschuldung, desto kürzer die Tilgungszeit (ceteris paribus)   (2,0)

c)

Einnahmen:	Umsatzeinnahmen	689	(1,0)
	Sonst. Einnahmen	20	(0,5)
Summe Einnahmen		**709**	

Ausgaben:	Materialausgaben	-260	(1,0)
	Maschinenkauf (Neuinvest.)	-25	(0,5)
	Ausschüttung	-15	(1,0)
	Personalausgaben	-320	(0,5)
	sonstige Ausgaben	-14	(0,5)
Summe Ausgaben		**-634**	

Der Einnahmeüberschuss der Periode beläuft sich auf
709 Mio. €. – 634 Mio. € = 75 Mio. €, der zur Kredittilgung
zur Verfügung steht.   (1,0)

d)
- Verwendung der Kasse, Kontoguthaben u.ä. (im sonstigen
  Umlaufvermögen enthalten)   (2,0)
- Ausschüttung reduzieren   (2,0)
- Verkauf von Aktiva, z.B. Finanzanlagen, nicht betriebs-
  notwendiges Vermögen, sonstige Aktiva   (2,0)

e)
Quellen der Differenzen:
Verwendung des Cash Flows in Form von:
- Ausschüttungen   (1,0)
- Neuinvestitionen   (1,0)
nicht erfüllte Prämissen des Cash Flows:
- Umsatzerlöse, die nicht als Einnahmen zugeflossen
  sind, d.h. Erhöhung des Forderungsbestandes (s.
  Erhöhung der Forderungen in der Bilanz)   (1,0)
- Materialaufwand, der nicht zu Ausgaben geführt hat,
  d.h. Produktion auf Lager (s. Erhöhung des sonst.
  Umlaufvermögen in der Bilanz)   (1,0)

Überleitungsrechung:

Cash Flow	100
- Ausschüttung	-15
- Neuinvestition	-25
- Umsatzerlöse, die nicht Einnahmen sind	-20
+ Materialaufwand, der keine Ausgabe darstellt	35
= Periodenüberschuss	75

(3,0)

Lösung Aufgabe 2:
a) Vergleich über die Endwert- oder alternativ über die Kapitalwertermittlung:

i) Festgeld
$$C_n = 25.000 * (1 + 0,11)^4 = 37.952$$
$$C_0 = \frac{37.952}{1,07^4} = 28.953$$

(1,5)

ii) nachschüssige jährliche Rente
$$R_n = Y \frac{q^n - 1}{q - 1} = 8.600 * \frac{1,07^4 - 1}{1,07 - 1} = 38.184$$
oder
$$R_0 = Y \frac{q^n - 1}{q^n(q - 1)} = 8.600 * \frac{1,07^4 - 1}{1,07^4(1,07 - 1)} = 29.130$$

(2,5)

iii) fixierte Rückzahlung
$$C_n = 6.000 * (1,07)^3 + 12.000 * (1,07)^2 + 11.000 * (1,07) + 5.000 = 37.859$$
oder
$$C_0 = \frac{6.000}{1,07} + \frac{12.000}{1,07^2} + \frac{11.000}{1,07^3} + \frac{5.000}{1,07^4} = 28.881$$

(2,5)

iv) vorschüssige halbjährliche Rente

$$Y_e = 4.100*(1+0,07) + 4.100*(1+\frac{0,07}{2}) = 8.630,50$$

$$R_n = 8.630,50*\frac{1,07^4 - 1}{1,07 - 1} = 38.319 \qquad (3,5)$$

oder

$$R_0 = 8.630,50*\frac{1,07^4 - 1}{1,07^4(1,07-1)} = 29.233$$

Die letzte Alternative ist die Günstigste, da diese den höchsten Endwert bzw. Kapitalwert verspricht. $\qquad (1,0)$

b)

$$r = \sqrt[n]{\frac{Endkapital}{Initialkapital}} - 1 = \sqrt[4]{\frac{38.319}{25.000}} - 1 = 11,27\% \qquad (2,0)$$

Lösung Aufgabe 3:
Vorteile:
- Möglichkeit einer hohen Eigenkapital-Finanzierung $\qquad (1,0)$
- Erhöhung des Bekanntheitsgrads $\qquad (1,0)$
- Verbesserung des Images $\qquad (1,0)$
- Zugang zum Kapitalmarkt / Möglichkeit einer weiteren Wachstumsfinanzierung $\qquad (1,0)$
- Möglichkeit der Nachfolgeregelung $\qquad (1,0)$
- Möglichkeit der Mitarbeiterbeteiligung am Unternehmen $\qquad (1,0)$

Nachteile:
- Publizität $\qquad (1,0)$
- Offenlegungspflichten $\qquad (1,0)$
- Kosten des Börsenganges $\qquad (1,0)$
- Kosten für Investor Relations $\qquad (1,0)$
- Abhängigkeit von den Aktienmärkten $\qquad (1,0)$
- Gefahr unerwünschter Aktionäre / feindlicher Übernahmen $\qquad (1,0)$

Klausur 13: Kosten- und Leistungsrechnung

Lösung Aufgabe 1: **Punkte**

Im Rahmen der Kalkulation (auch Kostenträgerstückrechnung) werden die Kosten für die Materialbereitstellung, die Herstellung, den Vertrieb sowie die Verwaltung einer einzelnen Kostenträgereinheit berechnet. Damit wird die Frage beantwortet: „Welche Kosten sind für die einzelnen Kostenträger entstanden?" (5)

Lösung Aufgabe 2:

Es existiert eine Vielzahl unterschiedlicher Kalkulationsverfahren, die in Abhängigkeit

- der Anzahl und Unterschiedlichkeit der Produkte,
- der Anzahl der Fertigungsstufen,
- des Auf- bzw. Ausbaus der Fertigungsstufen sowie
- das Vorliegens von Mengengefällen in den Fertigungsstufen

Anwendung finden. (2)

In einer ersten Systematisierung können insbesondere folgende drei Kalkulationsverfahren unterschieden werden:

1. Divisionskalkulation
2. Kuppelkalkulation
3. Zuschlagskalkulation (3)

Die folgende Abbildung gibt einen Überblick über die verschiedenen Arten der Kalkulation:

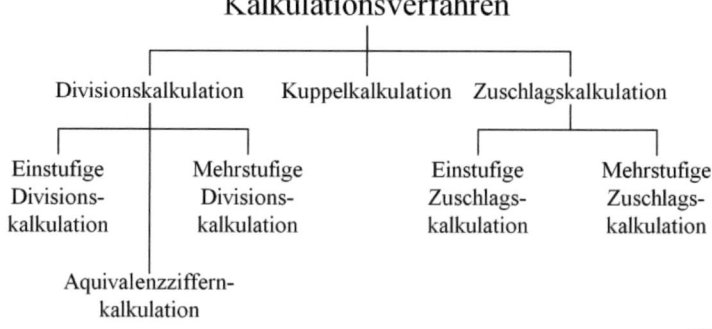

(5)

Lösung Aufgabe 3:
Grundprinzip:
Die Divisionskalkulation zählt zu den einfachsten Verfahren der Kalkulation und basiert auf der Grundidee, dass die Kosten einer Periode durch die gesamte, während dieser Zeit hergestellte Leistungsmenge dividiert werden, um die Stückkosten zu ermitteln. Voraussetzung für die Anwendung der Divisionskalkulation sind aufgrund der Ermittlung der Gesamtkosten homogene Güter, die bei Einproduktunternehmen vorzufinden sind. (3)

Einstufige Divisionskalkulation:
Bei der einstufigen Divisionskalkulation werden die Gesamtkosten eines Unternehmens durch die gesamte, in dieser Zeit produzierte Menge dividiert. Damit ist die einfache Divisionskalkulation grundsätzlich auf einstufige Produktionsverfahren limitiert. Denn bei der Existenz von Zwischenlagern, mit unterschiedlich hohen Beständen an fertigen und unfertigen Erzeugnissen, führt die einfache Divisionskalkulation zu falschen Ergebnissen. Zudem können mithilfe der einfachen Divisionskalkulation lediglich die Selbstkosten bestimmt werden, da aufgrund einer fehlenden Kostendifferenzierung nicht die zur Ermittlung der Herstellkosten notwendigen Bestandteile bekannt sind. (4)

Mehrstufige Divisionskalkulation:
Bei der mehrstufigen Divisionskalkulation, die eine Kostenstellenrechnung voraussetzt, können ein mehrstufiger Fertigungsprozess und Zwischenlager berücksichtigt werden. Durch die differenzierte Erfassung der Kosten auf Kostenstellen ist es möglich die zur Ermittlung der Herstell- und Selbstkosten notwendigen Kostenblöcke zu unterscheiden. (4)

Äquivalenzziffernkalkulation:
Die Äquivalenzziffernkalkulation ist eine Sonderform der Divisionskalkulation und in Betrieben mit artähnlichen Produkten (Sorten) anwendbar, z.B. bei Brauereien. Die Grundidee der Äquivalenzziffernkalkulation ist die Annahme der Ähnlichkeit verschiedener Sorten in der Kostenverursachung. Die Abhängigkeiten der Kostenverursachung werden über eine Verhältniszahl (Äquivalenzziffer) rechnerisch ausgedrückt. (4)

Lösung Aufgabe 4:
Die Herstellkosten umfassen die Kosten der Herstellung eines Produktes, die sich aus der Summe der Material- und der Fertigungskosten zusammensetzen:

	Materialeinzelkosten	
+	Materialgemeinkosten	
=	Materialkosten	
	Fertigungseinzelkosten	Herstell-kosten
+	Fertigungsgemeinkosten	
+	Sondereinzelkosten der Fertigung	
=	Fertigungskosten	

(8)

Werden die Verwaltungs- und Vertriebskosten zu den Herstellkosten addiert, so erhält man die Selbstkosten. (2)

Lösung Aufgabe 5:
Zur Ermittlung der Herstell- und Selbstkosten pro Stück ist einem ersten Schritt die Absatzmenge zu ermitteln. Diese beträgt 240.000 x 0,8 = 192.000 Stück. (2)
Nun sind die Herstellkosten als Summe der Material- und Fertigungskosten zu berechnen. Die folgende Tabelle zeigt die Ermittlung der Herstell- und Selbstkosten in Summe und pro Stück.

Berechnung der Herstell- und Selbstkosten (in Euro)

		Gesamt		**Stück**
	Materialkosten	84.000		
+	Fertigungskosten Hochofen	120.000		
+	Fertigungskosten Formpresse	300.000		
=	**Herstellkosten**	**504.000**	: 240.000	**2,10**
+	Verwaltungs- und Vertriebsgemeinkosten	230.400	: 192.000	1,20
=	**Selbstkosten**	**734.400**		**3,30**

(16)

Bei der Berechnung ist zu beachten, dass die Verwaltungs- und Vertriebsgemeinkosten nicht durch die produzierte, sondern lediglich durch die abgesetzte Menge dividiert werden.
Die Bewertung des Lagerzugangs beträgt 48.000 x 2,10 = 100.800 Euro. (2)

Klausur 14: Controlling

Lösung Aufgabe 1: **Punkte**

Variable Kosten sind Teil der Gesamtkosten und abhängig von der Ausbringungsmenge. (2)

Fixkosten sind ebenfalls Teil der Gesamtkosten und unabhängig von Ausbringungsmenge. Sie fallen demnach in einem bestimmten Zeitraum auch dann in gleicher Höhe an, wenn die Beschäftigung variiert. (2)

Einzelkosten sind diejenigen Kosten, die einem Bezugsobjekt (i.d.R. einem Kostenträger) direkt zugerechnet werden können. (2)

Gemeinkosten sind diejenigen Kosten, die einem Bezugsobjekt (i.d.R. einem Kostenträger) nicht direkt zugerechnet werden können. (2)

Lösung Aufgabe 2:

a)

Im Rahmen der Break-Even-Analyse wird nach dem Punkt (Break-Even-Punkt) gesucht, der die Gewinn- von der Verlustzone trennt (Gewinnschwelle). Dies ist dann der Fall, wenn Erlöse und Kosten gleich hoch sind oder der gesamte Deckungsbeitrag den Fixkosten entspricht. Dafür ist eine Trennung in variable Kosten und Fixkosten notwendig. (5)

b)

Umsatz (Erlöse)	325.000	
- variable Kosten	137.500	
= Deckungsbeitrag	187.500	
- Fixkosten	150.000	
= Betriebsergebnis	37.500	(3)

Umsatzrentabilität = Betriebsergebnis / Umsatz
= 37.500 / 325.000
= 11,54% (2)

c)

Break-even-Punkt = Kf / db (*mit Kf = Fixkosten; db = Stückdeckungsbeitrag*)

$$= 150.000 / 37,50$$
$$= 4.000 \tag{1}$$

Break-even-Umsatz $= 4.000 \cdot 65$
$$= 260.000 \tag{1}$$

d)
Berechnung Break-even Punkt:

Ausgangsgleichung: $65 \cdot x = (150.000 + 27,50 \cdot x) \cdot 1,08$ (3)

$\Rightarrow \quad x = 162.000 / 35,30$
$$= 4.589,24$$

$\Rightarrow$ Break-even Punkt $= 4.590$ (1)

Break-even Umsatz $= 4.590,00 \cdot 65$
$$= 298.350 \tag{1}$$

e)
$G = DB - Kf$
$$= 180.000 - 150.000$$
$$= 30.000 \tag{1}$$

$U = p \cdot x$ (*mit x = DB / db*)
$$= 65 \cdot 180.000 / 37,50$$
$$= 312.000 \tag{4}$$

f)
Berechnung Break-even Punkt:

Ausgangsgleichung: $65 \cdot x = 150.000 + 27,50 \cdot x + 65 \cdot x \cdot 0,050$ (3)

Break-even Punkt $= 150.000 / 34,25$
$$= 4.379,56$$

$\Rightarrow$ Break-even Punkt $= 4.380$ (1)

Break-even Umsatz $= 65 \cdot 4.380,00$
$$= 284.700 \tag{1}$$

g)

Berechnung Preis bei Break-even-Umsatz von 276.500 Euro

$$\Rightarrow U \qquad = Kf / (p - kv) \bullet p \qquad (4)$$

$$\Rightarrow 150.000 \bullet p = 276.500 (p - 27,50)$$

$$\Rightarrow p \qquad = 7.603.750 / 126.500$$

$$\qquad = 60,11 \qquad (1)$$

Lösung Aufgabe 3:

Ermittlung des jeweiligen Beitrages der Komponenten K1 bis K5 zum gesamten Kundennutzen:

	F1	F2	F3	F4	F5	$\sum$ Komponenten
K1	3,00%	3,00%	4,50%	4,00%	13,75%	28,25%
K2	4,00%	9,00%	1,50%	6,00%	2,50%	23,00%
K3	1,50%	10,50%	4,50%	4,00%	5,00%	25,50%
K4	0,50%	4,50%	2,25%	2,00%	2,50%	11,75%
K5	1,00%	3,00%	2,25%	4,00%	1,25%	11,50%
$\sum$ Funktionen	10,00%	30,00%	15,00%	20,00%	25,00%	100,00%

(4)

Gegenüberstellung von Kundennutzen und Kostenanteil:
Die prozentuale Verteilung der (vorläufig) geplanten Selbstkosten i.H.v. 600 € verteilt sich wie folgt:

K1 29%
K2 17%
K3 8%
K4 4%
K5 42% (2)

Ermittlung der Zielkostenindices:

Komponente	Kundennutzen	Kostenanteil der Komponente	Zielkostenindex
K1	28,25%	29%	0,9686
K2	23,00%	17%	1,3800
K3	25,50%	8%	3,0600
K4	11,75%	4%	2,8200
K5	11,50%	42%	0,2760

Lösungen

(4)

Der Zielkostenindex lässt sich wie folgt interpretieren:

Zielkostenindex > 1. Der Kundennutzen ist größer als der Kostenanteil der Komponente. Die Kosten sind als vertretbar anzusehen. Zu prüfen ist, ob ggf. weitere Verbesserungen vorzunehmen sind (Folge: Kostenanteil steigt). (1)

Zielkostenindex < 1: Die Kosten sind zu hoch in Relation zum Kundennutzen. Insofern sind hier Einsparungen vorzunehmen. (1)

Ermittlung der Einsparungsmöglichkeiten: Aufgrund des erzielbaren Marktpreises sind Zielkosten von maximal 500 € pro Multimcdia-Anlagc zulässig. Mittels Zielkostenplanung erfolgt eine Verrechnung auf die Produktkomponenten (Verteilungsschlüssel: Kundennutzen). (1)

Kompo-nente	Vorläufige Plankosten	Zielverteilung (Kunden-nutzen)	Zielkosten	Über-/Unter-deckung
K1	175 €	28,25%	141,25 €	-33,75 €
K2	100 €	23,00%	115,00 €	15,00 €
K3	50 €	25,50%	127,50 €	77,50 €
K4	25 €	11,75%	58,75 €	33,75 €
K5	250 €	11,50%	57,50 €	-192,50 €
Summe	600 €	100%	500 €	-100 €

(5)

Überdeckungen geben an, dass die vorläufigen Plankosten unterhalb der Zielkosten liegen. Die betreffenden Komponenten sind auf Verbesserungspotentiale zu untersuchen. (1)

Unterdeckungen deuten auf Kosteneinsparungspotentiale hin. (1)

Klausur 15: Externes Rechnungswesen

Lösung Aufgabe 1:   **Punkte**

Das Gesamtkostenverfahren stellt der Gesamtleistung den Periodenaufwand gegenüber, der nach Kostenarten gegliedert ist. (1)
Dabei werden sämtliche Erträge und Aufwendungen der Periode erfasst. Die Differenz zwischen hergestellten und abgesetzten Produkten in der Periode wird über die Posten „Bestandsveränderungen" und „andere aktivierte Eigenleistungen"
angepasst. (2)
Beim Umsatzkostenverfahren werden der Umsatz der Periode und der Aufwand, der zur Erzielung der Umsatzerlöse geführt hat, gegenübergestellt. (1)
Die Anpassung erfolgt über eine Angleichung der ausgewiesenen Aufwendungen an das Mengengerüst. Die Aufwendungen werden nach Funktionsbereichen (Kostenstellen) abgebildet. (2)

Lösung Aufgabe 2:

Indirekte Cash-Flow Ermittlung

Jahresüberschuss	2.300	(1)
+ Abschreibungen	2.200	(1)
+ Erhöhung lgfr. Rückstellung	1.000	(1)
= Cash-Flow	**5.500**	(1)

Direkte Cash-Flow Ermittlung

Cash Flow =   Zahlungswirksame Erträge
                       - zahlungswirksame Aufwendungen

Zahlungswirksame Erträge

Umsatzerlöse	8.500	(1)
s.b. Erträge	400	(1)
a.o. Erträge	400	(1)
Zinserträge	100	(1)

- zahlungswirsame Aufwendungen

Materialaufwand	-1.100	(1)
Personalaufwand	-1.500	(1)
s.b. Aufwendungen	-800	(1)
a.o. Aufwendungen	-300	(1)
Zinsaufwendungen	-200	(1)
= Cash-Flow	**5.500**	(1)

Lösung Aufgabe 3:

AK 01.01.01:	1.000.000 €	
-Abschreibungen 01	100.000 €	(1)
= RBW am 31.12.01	900.000 €	(1)

Am 31.12.01 ist die Maschine gem. § 253 Abs. 3 S. 1 HGB mit 900.000 € zu bilanzieren.

= RBW am 31.12.01	900.000 €	
- Abschreibungen 02	100.000 €	
Planmäßiger RBW am 31.12.02	800.000 €	(1)

<u>Aber</u> Stichtagswert = 360.000 €

=> Prüfung dauerhafte Wertminderung?

Dauerhafte Wertminderung liegt vor, wenn der Stichtagswert voraussichtlich mindestens für die halbe Restnutzungsdauer unter dem Restbuchwert liegt. (1)

$$\text{Wertminderungsdauer} = \frac{\text{RBW - Stichtagswert}}{\text{jährl. Abschreibungsbetrag}}$$

$$= \frac{800.000 \ € - 360.000 \ €}{100.000 \ €}$$ (4)

$$= 4,4 \ \text{Jahre}$$

Die Wertminderungsdauer (4,4 Jahre) übersteigt die hälftige Restnutzungsdauer (4 Jahre), so dass eine dauerhafte Wertminderung vorliegt. (1)
Folglich muss gem. § 253 Abs. S. 3 HGB am 31.12.02 der Stichtagswert i.H.v. 360.000 € angesetzt werden. (1)

Lösung Aufgabe 4:
1. Sale and Lease Back von Anlagevermögen, sofern der Marktwert den Buchwert übersteigt. Durch den Verkauf werden die stillen Reserven realisiert und somit wird der laufende Jahresüberschuss erhöht. Die Veräußerungserlöse übersteigen die im laufenden Jahr zu zahlende Leasing-Rate, so dass auch die Liquidität des laufenden Jahres verbessert wird (in den Folgejahre entsteht durch die Leasing-Raten jedoch eine stärkere Liquiditätsbelastung). (3)
2. Verkauf von nicht betriebsnotwendigen Anlagevermögen, sofern der Marktwert den Buchwert übersteigt. Durch den

Verkauf werden die stillen Reserven realisiert und somit wird der laufende Jahresüberschuss erhöht. Die Veräußerungserlöse verbessern die Liquidität. (3)

Lösung Aufgabe 5:
Bilanzierung Grund und Boden

Anschaffungspreis Grund und Boden	100.000 €	
+ Notarkosten (Anschaffungsnebenkosten)	250 €	(1)
+ Grunderwerbsteuer (Anschaffungsnebenkosten)	3.500 €	(1)
= Anschaffungskosten	103.750 €	(1)

Beim Grund und Boden handelt es sich um einen nichtab-nutzbaren Vermögensgegenstand, der keiner Abschreibung unterliegt. Daher wird der Grund und Boden in 01 und 02 mit 103.750 € bilanziert. (3)

Bilanzierung Gebäude

Anschaffungspreis Gebäude	400.000 €	
+ Notarkosten (Anschaffungsnebenkosten)	1.000 €	(1)
+ Grunderwerbsteuer (Anschaffungsnebenkosten)	14.000 €	(1)
= Anschaffungskosten	415.000 €	(1)

Die Abschreibung beginnt mit der Nutzung am 1.8.01. (1)

Anschaffungskosten am 01.08.01	415.000,00 €	
- Abschreibung (01.08. - 31.13.01)	5.187,50 €	(2)
Restbuchwert 31.12.01	409.812,50 €	(1)

Das Gebäude wird am 31.12.01 mit 409.812,50 bilanziert. (1)

Restbuchwert 31.12.01	409.812,50 €	
- Abschreibung 01.01.-30-06.02	6.225,00 €	(2)
RBW 30.06.02	403.587,50 €	(1)

Abschreibungsbemessungsgrundlage ab 01.07.02:		
AK Gebäude	415.000 €	(1)
+ Nachträgliche HK Anbau	100.000 €	(1)
Abschreibungsbemessungsgrundlage	515.000 €	(1)

=> jährlicher Abschreibungsbetrag (3%) 15.450 €

Restbuchwert 30.06.02	403.587,50 €	
+ Nachträgliche HK Anbau	100.000,00 €	
- Abschreibung (01.07.-31.12.02)	7.725,00 €	(2)
Restbuchwert 31.12.02	495.862,50 €	(1)

Das Gebäude wird am 31.12.02 mit 495.862,50 € bilanziert.. (1)

Klausur 16: Konzernrechnungslegung

Lösung Aufgabe 1: **Punkte**

1) Insolvenzverfahren

HGB: Grundsätzlich ist die Pleite GmbH als Tochterunternehmen i. S. von § 290 Abs. 2 HGB im Wege der Vollkonsolidierung in den Konzernabschluss der Schnell GmbH einzubeziehen, da die Schnell GmbH mehrheitlich an der Pleite GmbH beteiligt ist. Allerdings ist über das Vermögen der Pleite AG in 05 das Insolvenzverfahren eröffnet worden, so dass die Rechtsposition der Schnell GmbH in Bezug auf das Vermögen nachhaltig beeinträchtigt ist. Aus diesem Grund besteht nach § 296 Abs. 1 Nr. 1 HGB ein Einbeziehungswahlrecht, so dass die Pleite GmbH in den Konzernabschluss einbezogen werden darf, aber nicht muss. Sofern die Pleite GmbH einbezogen wird, hat dies im Wege der Vollkonsolidierung zu erfolgen. (5)

IFRS: Nach IAS 27.12 schließt der Konzernabschluss grundsätzlich alle in- und ausländischen Tochterunternehmen mit ein. Ein Tochterunternehmen ist nach IAS 27.4 ein Unternehmen, das von einem anderen Unternehmen (Mutterunternehmen) beherrscht wird. Daher ist die Pleite GmbH grundsätzlich nach IAS 27.12 in den Konzernabschluss einzubeziehen, da die Pleite GmbH von der Schnell GmbH beherrscht wird. Aufgrund der Eröffnung des Insolvenzverfahrens endet diese Beherrschung jedoch gem. IAS 27.21, so dass die Pleite GmbH von der Konsolidierung auszuschließen ist. (3)

2) Assoziiertes Unternehmen

HGB: Die Schnell GmbH hält nur 1/4 der stimmberechtigten Aktien; ihr steht keines der Rechte aus § 290 Abs. 2 HGB zu. Den beherrschenden übt vielmehr die Power GmbH aus, die über 3/4 der stimmberechtigten Aktien an der Motor AG verfügt. Aus diesem Grund handelt es sich bei der Motor AG nicht um ein Tochterunternehmen i. S. von § 290 Abs. 2 HGB: Sie darf nicht im Wege der Vollkonsolidierung berücksichtigt werden. Da die Schnell GmbH zwar keinen beherrschenden, aber nach § 311 Abs. 1 Satz 2 HGB einen (vermuteten) maßgeblichen Einfluss auf die Motor AG ausübt, handelt es sich bei der Motor AG um ein assoziiertes

Unternehmen gem. § 311 Abs. 1 HGB, welches nach der
Equity-Methode zu bilanzieren ist. (5)
IFRS: Weil die Schnell GmbH nur 1/4 der stimmberechtigten
Aktien an der Motor AG hält, sind die Voraussetzungen für
einen beherrschenden Einfluss nicht gegeben (vgl. IAS
27.13). Daher handelt es sich bei der Motor AG um kein
Tochterunternehmen gem. IAS 27.4. Da die Schnell GmbH
nach IAS 28.6 einen maßgeblichen Einfluss auf die
Geschäfts-politik der Motor AG besitzt, muss die Motor AG
nach der Equity-Methode bilanziert werden. (3)

3) Verkauf der Beteiligung
HGB: Bei der Driver AG handelt es sich um ein Tochterunternehmen i. S. von § 290 Abs. 2 HGB, das somit grundsätzlich im Wege der Vollkonsolidierung in den Konzern-ab-
schluss einzubeziehen ist. Allerdings ist das Einbeziehungswahlrecht nach § 296 Abs.1 Nr. 3 HGB zu prüfen, da der
Vorstand der Schnell GmbH die Beteiligung an der Driver
AG in der kommenden Periode vollständig veräußern will.
Die Voraussetzungen für das Einbeziehungswahlrecht sind
jedoch nur dann erfüllt, wenn die Weiterveräußerungsabsicht
bereits zum Zeitpunkt des Anteilserwerbs in 01 vorlag. Da
der Vorstand der Schnell GmbH die Anteile aufgrund veränderter Wettbewerbssituationen in 05 veräußern will, lag zum
Zeitpunkt des Anteilserwerbs in 01 keine Veräußerungsab-
sicht vor. Folglich ist die Driver AG im Wege der Vollkonsolidierung in den Konzernabschluss einzubeziehen. (5)
IFRS: Die Driver AG stellt ein Tochterunternehmen nach
IAS 27.4 dar, das seit dem Jahr 01 gem. IAS 27.12 in den
Konzernabschluss einbezogen wurde. Tochterunternehmen,
die bislang in den Konzernabschluss einbezogen wurden und
jetzt veräußert werden sollen, sind weiterhin im Wege der
Vollkonsolidierung zu erfassen. Die Erfüllung der Voraussetzungen des IFRS 5 begründet keine Endkonsolidierung
dieser Tochterunter-nehmen. (3)

4) Abweichende Geschäftstätigkeit
HGB/IFRS: Aus Konzernsicht handelt es sich bei der Rabatt-
Leasing GmbH um ein Unternehmen mit einer abweichenden
Geschäftstätigkeit. Eine abweichende Geschäftstätigkeit
begründet jedoch kein Einbeziehungsverbot, so dass die
Rabatt-Leasing GmbH im Wege der Vollkonsolidierung in
den Konzernabschluss einzubeziehen ist. (3)

5. Beherrschender Einfluss

HGB: Da die Schnell GmbH eine Beteiligung i. S. von § 271 Abs. 1 HGB an der Raser AG hält und ihr das Recht zusteht, die Mehrheit der Mitglieder des Vorstands zu bestellen, kann die Schnell GmbH einen beherrschenden Einfluss auf die Raser AG ausüben (§ 290 Abs. 2 Nr. 2 HGB). Daher handelt es sich bei der Raser AG, obwohl keine Mehrheitsbeteiligung vorliegt, um ein Tochterunternehmen i. S. von § 290 Abs. 2 HGB. Folglich ist die Raser AG im Wege der Vollkonsolidierung in den Konzernabschluss einzubeziehen. (5)

IFRS: Obwohl die Schnell GmbH keine Mehrheitsbeteiligung an der Raser AG hält, be¬herrscht sie die Raser AG gem. IAS 27.13c, da ihr das Recht zusteht, die Mehrheit der Mitglieder des Vorstands zu bestellen. Folglich ist die Raser AG im Wege der Vollkonsolidierung in den Konzernabschluss einzubeziehen. (3)

6. Gemeinschaftsunternehmen

HGB: Bei der Tuning AG handelt es sich um kein Tochterunternehmen i. S. von § 290 Abs. 2 HGB, da die Tuning AG nicht von der Schnell GmbH beherrscht wird. Damit ist eine Berücksichtigung der Tuning AG im Rahmen der Vollkonsolidierung ausgeschlossen. Aufgrund der gemeinschaftlichen Führung mit der Autocar AG stellt die Tuning AG ein Gemeinschaftsunternehmen gem. § 310 HGB dar, für das ein Wahlrecht zur quotalen Konsolidierung besteht. Sofern das Wahlrecht zur quotalen Konsolidierung nicht in Anspruch genommen wird, muss die Tuning AG zwingend nach der Equity-Methode bilanziert werden. (5)

IFRS: Bei der Tuning AG handelt es sich nach IAS 31.24 um ein Gemeinschaftsunternehmen, das nach IAS 31.30 entweder per Quotenkonsolidierung oder über die Equity-Methode in den Konzernabschluss einbezogen wird. (2)

Lösung Aufgabe 2:

Konsolidierungsbuchungen

Umsatzerlöse	1.125.000	an	Materialeinsatz	750.000	
			Jahresüberschuss	150.000	
			Andere akt. Eigenleist.	90.000	
			Bestandsveränderungen	135.000	(10)
s.b. Erträge	12.000	an	Andere akt. Eigenleist.	12.000	(2)

116

GuV	Einzel-GuV		Konsolidierung		Konzern-GuV
	Burns-AG (MU)	Homer-GmbH (TU)	S	H	
Umsatzerlöse	937.500	1.125.000	1.125.000		**937.500**
Bestandsveränderungen				135.000	**135.000**
Andere aktivierte Eigenleistungen				102.000	**102.000**
S.b.Erträge	12.000		*12.000*		
Material-/Personalaufwand	750.000	675.000		750.000	**675.000**
Jahresüberschuss	199.500	450.000		150.000	**499.500**
			1.137.000	1.137.000	

(6)

Klausur 17: Konzernrechnungslegung

Lösung Aufgabe 1:   **Punkte**

Vollständige Aufdeckung der stillen Reserven und Ermittlung
des neubewerteten Eigenkapitals

Stille Reserven AV	150	(1)
+ bilanziertes EK	1.800	(1)
= neubewertetes EK	1.950	(1)

Buchung in der HB II der TU:

AV   150   an   Gewinnrücklagen   150   (1)

Ermittlung Goodwill

Beteiligung	1.000,0	(1)
-anteiliges neubewertetes EK (45%)	877,5	(1)
= Goodwill	122,5	(1)

Buchung Kapitalkonsolidierung

Gez. Kapital	450			
Kapitalrücklagen	135			
Gewinnrücklagen	202,5			
Bilanzgewinn	90			
Goodwill	122,5	an Beteiligung	1.000	(4)

Buchung der Berücksichtigung der anderen Gesellschafter

Gez. Kapital	550			
Kapitalrücklagen	165			
Gewinnrücklagen	247,5			
Bilanzgewinn	110	an Anteile andere G'ter	1.072,5	(4)

Buchung der Zwischengewinneliminierung

Bilanzgewinn   100   an Vorräte   100   (2)

Buchung der Schuldenkonsolidierung

Verbindlichkeiten   200   an Forderungen   200   (2)

Erstellen der Konzernbilanz

	MU	TU	Summen-bilanz	Konsoli-dierung	Konzern-bilanz
Goodwill				122,5	122,5
AV	2.000	1.590	3.590		3.590
Beteiligung	1.000		1.000	-1.000	
Vorräte	800	600	1.400	-100	1.300
Forderungen	900	760	1.660	-200	1.460
Gez. Kapital	2.000	1.000	3.000	-1000	2.000
Kapitalrückla gen	600	300	900	-300	600
Gewinnrückla gen	600	450	1.050	-450	600
Bilanzgewinn	400	200	600	-300	300
Anteile a. G'ter				1.072,5	1.072,5
Verbindlichke iten	1.100	1.000	2.100	-200	1.900
Bilanzsumme	4.700	2.950	7.650		6.472,5

(11)

Lösung Aufgabe 2:

a) Die Umsatzerlöse in Höhe von 300 € entstanden aus einer konzerninternen Lieferung von der Klein AG an die Kurz-GmbH und müssen eliminiert werden, da zwischen „Abteilungen eines Konzerns kein Verkauf stattfindet. (2)

Buchungen bei Anwendung des Umsatzkostenverfahrens:
Umsatzerlöse   300   an   Herstellungskosten   250
                                       Jahresergebnis   50   (2)

Buchungen bei Anwendung des Gesamtkostenverfahrens:
Umsatzerlöse   300   an   Bestandserhöhungen   250
                                       Jahresergebnis   50   (2)

b) Der vorliegende Fall ist aus Konzernsicht wie ein Herstellungsvorgang eines Vermögensgegenstandes des UV zu beurteilen. (2)

Buchungen bei Anwendung des Umsatzkostenverfahrens:

119

| Umsatzerlöse | 700 | an | Herstellkosten | 700 | (2) |

Buchungen bei Anwendung des Gesamtkostenverfahrens:

| Umsatzerlöse | 700 | an | Bestandserhöhungen | 700 | (2) |

c) In diesem Fall handelt es sich um den Handel mit fremd-
bezogenen Vermögensgegenständen zwischen Konzern-
unternehmen. (2)

Buchungen bei Anwendung des Umsatzkostenverfahrens:

| Umsatzerlöse | 75 | an | Herstellkosten | 50 | |
| | | | Jahresergebnis | 25 | (2) |

Buchungen bei Anwendung des Gesamtkostenverfahrens:

| Umsatzerlöse | 75 | an | Materialaufwand | 50 | |
| | | | Jahresergebnis | 25 | (2) |

d) In diesem Fall handelt es sich um den erfolgswirksamen
Verbrauch aus Sicht des Konzerns. (2)

Buchungen bei Anwendung des Umsatzkostenverfahrens:

| s.b. Ertrag | 75 | an | s.b. Aufwand | 75 | (2) |

Buchungen bei Anwendung des Gesamtkostenverfahrens:

| s.b. Ertrag | 75 | an | s.b. Aufwand | 75 | (2) |

e) Bei dem Patent handelt es sich um selbst erstellten immateriellen Vermögensgegenstand des Anlagevermögens,
der nach der Konzernrichtlinie nicht aktiviert werden darf. (2)

Buchungen bei Anwendung des Umsatzkostenverfahrens:

| Umsatzerlöse | 75 | an | Jahresergebnis | 75 | (2) |

Buchungen bei Anwendung des Gesamtkostenverfahrens:

| Umsatzerlöse | 75 | an | Jahresergebnis | 75 | (2) |

Klausur 18: Internationale Rechnungslegung

Lösung Aufgabe 1:   **Punkte**

a)

Zeitliche Differenzen (automatischer Ausgleich im Zeitablauf)   (1)

Quasi-permanente Differenzen (gleichen sich nicht automatisch im Zeitablauf aus; hängen von der Entscheidung des Managements ab; spätestens bei Liquidation des Unternehmens hat ein Ausgleich zu erfolgen)   (1)

Permanente Differenzen (es erfolgt zu keinem Zeitpunkt ein Ausgleich zwischen Steuer- und Handelsbilanz – nicht abzugsfähige Betriebsausgaben)   (1)

3 Beispiele

Zeitliche Differenzen – unterschiedliche Nutzungsdauern bei der Abschreibung von Sachanlagen   (1)

Quasi-permanente Differenzen – Kapitalerhöhungsgebühren, welche im Rahmen der IFRS nicht durch den Aufwand sondern unter Abzug des Eigenkapitals erfasst werden   (1)

Permanente Differenzen – Aufwendungen aus aktienbasierter Vergütung, wenn diese nach Steuerrecht nicht anrechenbar sind   (1)

HGB – temporary principle (zeitliche und quasi-permanente Differenzen)   (2)

IFRS – temporary principle (zeitliche und quasi-permanente Differenzen)   (2)

altes HGB → timing principle (zeitliche Differenzen)   (1)

b)

	Differenz SAV	Differenz LFF	Differenz SAV+LFF	Differenz kumuliert	passive latente Steuern	passive latente Steuern kumuliert
31.12.2011	+ 40.000	+30.000	+70.000	+70.000	+28.000	+28.000
31.12.2012	- 10.000	+30.000	+20.000	+90.000	+8.000	+36.000
31.12.2013	- 10.000	- 60.000	-70.000	+20.000	-28.000	+8.000
31.12.2014	- 10.000		-10.000	+10.000	-4.000	+4.000
31.12.2015	- 10.000		-10.000	0	-4.000	0

Tabelle   (11)

121

Lösungen

c)
Nutzung von aktiven latenten Steuern ist **unter anderem**
möglich wenn:
Passiver latenter Steuerüberhang gegenüber der gleichen
Steuerbehörde mit einer Fristenkongruenz besteht. (3)
Die Wahrscheinlichkeit, dass die Steuerforderungen in Zu-
kunft auch genutzt werden können, muss größer 50 % sein
und durch einen detaillierten Plan aufgezeigt werden. (3)

Lösung Aufgabe 2:

Jahr	HGB Abschreibungen	HGB zusätzliche Aufwendungen	IFRS Abschreibungen	IFRS zusätzliche Aufwendungen
31.12.2008	100.000	0	274.000	0
31.12.2009	100.000	260.000	274.000	0
31.12.2010	100.000	0	274.000	0
31.12.2011	100.000	260.000	274.000	0
31.12.2012	100.000	700.000	274.000	0
31.12.2013	100.000	260.000	274.000	0
31.12.2014	100.000	0	274.000	0
31.12.2015	100.000	260.000	274.000	0
31.12.2016	100.000	0	274.000	0
31.12.2017	100.000	0	274.000	0

Tabelle (7)

Lösung Aufgabe 3:
a)
Fertigungsaufträge IAS 11
Vertrag über die kundenspezifische Fertigung einzelner Ge-
genstände oder einer Anzahl von Gegenständen (IAS 11.3)
(üblicher Weise über mehrere Berichtsperioden vollzogen) (1)

Percentage-of-completion-method
Voraussetzung:
Ergebnis eines Fertigungsauftrages muss verlässlich ge-
schätzt werden können. (IAS 11.22)
Folge:
Gewinnrealisierung nach dem Fertigstellungsgrad (3)

Modified-completed-contract-method
Voraussetzung:
Ergebnis eines Fertigungsauftrages kann nicht gem.
IAS 11.22-24 verlässlich geschätzt werden (IAS 11.32)
Folge:
Gewinnrealisierung bei Vertragserfüllung (IAS 11.32 f) (3)

122

Festpreisverträge
- Die gesamten Auftragserlöse können zuverlässig ermittelt werden.
- Es liegt ein wahrscheinlicher Nutzenzufluss aus dem Vertrag zum Unternehmen vor.
- Sowohl die noch anfallenden Kosten als auch der Grad der Fertigstellung können zuverlässig ermittelt werden.
- Die dem Vertrag zurechenbaren Kosten müssen klar identifizierbar sein, um die bereits angefallenen Kosten mit früheren Schätzungen vergleichen zu können. (2)

Kostenzuschlagsverträge
- Es liegt ein wahrscheinlicher Nutzenzufluss aus dem Vertrag zum Unternehmen vor.
- Die dem Vertrag zurechenbaren Kosten müssen klar identifizierbar und ermittelbar sein. (1)

Kostenzuschlagsverträge wären für den Auftragnehmer sinnvoller Begründung: kein Verlust bei möglichen Kostensteigerungen. (1)

b)

Periode	Fertigstellungsgrad	Aufwand	Ertrag	Ergebnis
2009	10 %	20.000.000	25.000.000	5.000.000
2010	50 %	88.000.000	110.000.000	22.000.000
2011	100 %	121.000.000	151.250.000	30.250.000

Tabelle (9)

Klausur 19: Betriebswirtschaftliches Steuerwesen

Lösung Aufgabe 1:   **Punkte**

Entscheiden Sie, ob es sich bei den folgenden Aussagen um inhaltlich richtige oder falsche Aussagen handelt. Kreuzen Sie dies bitte an der entsprechenden Stelle an. Im Falle unzutreffender Aussagen berichtigen Sie diese bitte.

a) Steuern können nach der Ertragshoheit, der Überwälzbarkeit und dem Gegenstand der Besteuerung eingeteilt werden, danach sind die Gewerbesteuer und die Grundsteuer Gemeindesteuern, direkte Steuern und Realsteuern.

   Richtig: [X]   Falsch: [   ]   (1)

b) Selbständig Tätige im Sinne des § 18 EStG, die freiwillig Bücher führen, ermitteln ihren Gewinn durch Betriebsvermögensvergleich nach § 4 Abs. 1 EStG.

   Richtig: [X]   Falsch: [   ]   (1)

c) Beim Verkauf eines im Privatvermögen gehaltenen Cabrios am 17.03.2010 (Anschaffung am 06.03.2009) mit einem Veräußerungsgewinn in Höhe von 602,00 Euro handelt es sich um ein steuerpflichtiges privates Veräußerungsgeschäft.

   Richtig: [   ]   Falsch: [X]   (1)

   Verkauf liegt außerhalb der Behaltensfrist von einem Jahr nach § 23 Abs. 1 Satz 1 Nr. 2 EStG, daher liegt kein steuerpflichtiges privates Veräußerungsgeschäft vor.   (1)

d) Bei der Gewinnermittlung durch Betriebsvermögensvergleich basiert die Periodenzurechnung auf dem Zufluss-Abfluss-Prinzip, das heißt, es werden

124

pagatorische Größen gegenübergestellt, welche grundsätzlich im Zahlungszeitpunkt erfasst werden.

Richtig: [ ]   Falsch: [X]   (1)

Bei der Gewinnermittlung nach § 4 Abs. 3 EStG (Betriebseinnahmen-Betriebsausgaben-Überschussrechnung) basiert die Periodenzurechnung auf dem Zufluss-Abfluss-Prinzip, das heißt, es werden pagatorische Größen gegenübergestellt, welche grundsätzlich im Zahlungszeitpunkt erfasst werden.   (1)

e) Sondervergütungen im Sinne des § 15 Abs. 1 Nr. 2 EStG werden im Sonderbereich des jeweiligen Mitunternehmers sowie in der Gesamthandsbilanz gewinnerhöhend erfasst.

Richtig: [ ]   Falsch: [X]   (1)

Vergütungen werden in der Gesamthandsbilanz als Betriebsausgabe (gewinnmindernd) und anschließend im Sonderbereich des betreffenden Gesellschafters gewinnerhöhend erfasst.   (1)

f) Mit der Unternehmensteuerreform 2008 wurde der Arbeitnehmer-Pauschbetrag abgeschafft.

Richtig: [ ]   Falsch: [X]   (1)

Der Sparer-Freibetrag und der Werbungskosten-Pauschbetrag für Kapitaleinkünfte wurden abgeschafft. Der Arbeitnehmer-Pauschbetrag bleibt bestehen.   (1)

g) Die seit 01.01.2009 gültige Abgeltungsteuer wird an der Quelle erhoben und als Kapitalertragsteuer an den Fiskus abgeführt.

Richtig: [X]   Falsch: [ ]   (1)

h) Seit dem Jahr 2008 ist die Gewerbesteuer nur noch von sich selbst, nicht aber von der Körperschaftsteuer abzugsfähig.

Richtig: ☐   Falsch: ☒   (1)

Die Gewerbesteuer ist auch nicht mehr von sich selbst abzugsfähig.

     (1)

i) Eine Kapitalgesellschaft, deren Geschäftsbetrieb nur im Vermieten von Häusern besteht, erzielt Einkünfte aus Vermietung und Verpachtung.

Richtig: ☐   Falsch: ☒   (1)

Eine Kapitalgesellschaft erzielt immer Einkünfte aus Gewerbebetrieb.   (1)

Lösung Aufgabe 2:

a) *Ermitteln Sie bitte die vom Ehepaar Hellmuth zu zahlende Einkommensteuer im Jahr 2010 bei getrennter Veranlagung.*

Herr Hellmuth:

Einkünfte aus Gewerbebetrieb (§ 15 Abs. 1 Satz 1 Nr. 1 EStG):   (1)

Gewinn gem. § 2 Abs. 2 Nr. 1 EStG

Ermittlung durch Betriebsvermögensvergleich (§ 5 Abs. 1 EStG):

BV 31.12.2010	250.000,00 €	
./. BV 31.12.2009	170.000,00 €	
= BV-Erhöhung	80.000,00 €	(1)
+ Entnahmen	20.000,00 €	
./. Einlagen	13.000,00 €	
= Gewinn 2010	87.000,00 €	(1)

Einkünfte aus selbständiger Arbeit (§ 18 Abs. 1 Nr. 1 EStG):		(1)
Betriebseinnahmen	8.000,00 €	
./. Betriebsausgaben	1.200,00 €	
= Einkünfte aus selbständiger Arbeit	6.800,00 €	(1)

Hinweis: Renngewinne: nicht steuerbare Einnahmen   (1)

Summe der Einkünfte
= Gesamtbetrag der Einkünfte
= Einkommen
= zu versteuerndes Einkommen   93.800,00 €   (1)

Frau Hellmuth:
Einkünfte aus nichtselbständiger Arbeit (§ 19 Abs. 1 Nr. 1
EStG):   (1)
Einnahmen   10.000,00 €
./. Werbungskosten (Arbeitnehmer-Pauschbetrag
§ 9a Satz 1 Nr. 1 Buchst. a) EStG   920,00 €
Einkünfte aus nichtselbständiger Arbeit   9.080,00 €   (1)

Einkünfte aus Vermietung und Verpachtung (§ 21 Abs. 1
Nr. 1 EStG):   (1)
Einnahmen   5.400,00 €
+ Miete Jan.-März 2011 Student Rührig nach
§ 11 Abs. 1 Satz 2 EStG   675,00 €
./. Werbungskosten (§ 9 EStG)   1.400,00 €
Einkünfte aus Vermietung und Verpachtung   4.675,00 €   (1)

Miete Dezember 2010 Student Sorglos: Zurechnung im Jahr
2010 trotz Zahlung am 08.01.2011 nach § 11 Abs. 1 Satz 2
EStG, da es sich um regelmäßig wiederkehrende Einnahmen
handelt, die dem Steuerpflichtigen kurze Zeit nach
Beendigung des Kalenderjahres, zu dem sie wirtschaftlich
gehören, zugeflossen sind.   (1)

Summe der Einkünfte
= Gesamtbetrag der Einkünfte
= Einkommen
= zu versteuerndes Einkommen   13.755,00 €   (1)

Zu zahlende Einkommensteuer bei getrennter Veranlagung:

Herr Hellmuth:
gem. § 32a Abs. 1 Satz 2 Nr. 4 EStG: (1)

ESt (93.800,00) = 0,42 * x − 8.172 = 0,42 * 93.800 − 8.172
ESt (93.800,00) = 31.224,00 €   (1)

Frau Hellmuth:
gem. § 32a Abs. 1 Satz 2 Nr. 3 EStG: (1)

ESt (13.755,00) = (228,74 * z + 2.397) * z +1.038

z = 1/10.000 * (13.755,00-13.469,00) = 1/10.000 * 286
z = 0,0286

ESt (13.755,00) =
(228,74 * 0,0286 + 2.397) * 0,0286 + 1.038
ESt (13.755,00) = 1.106,74 € (1)
ESt (13.755,00) = gerundet: 1.106,00 €

vom Ehepaar Hellmuth zu zahlende ESt bei getrennter Veranlagung:
31.224,00 + 1.106,00 = 32.330,00 € (1)

b) Ermitteln Sie bitte die vom Ehepaar Hellmuth zu zahlende Einkommensteuer im Jahr 2010 bei Zusammenveranlagung.

Zu zahlende Einkommensteuer bei Zusammenveranlagung:

| Summe der Einkünfte | 93.800,00 € | 13.755,00 € | |
| = Gesamtbetrag der Einkünfte | | 107.555,00 € | (1) |

gemeinsames z.v.E./2 = 53.777,50 € (§ 32a Abs. 5 EStG) (1)

ESt (53.777,50) = (0,42 * x – 8.172) (1)
ESt (53.777,50) = (0,42 * 53.777,50 – 8.172)
ESt (53.777,50) = 14.414,55 (1)

14.414,55 * 2 = 28.829,10 €
vom Ehepaar Hellmuth zu zahlende ESt bei Zusammenveranlagung: gerundet: 28.829,00 € (1)

c) Das Ehepaar Hellmuth wurde bisher zusammen veranlagt. Bitte geben Sie, abgeleitet aus den Aufgaben a) und b) einen rechnerisch begründeten Hinweis auf die unter gegebenen Voraussetzungen des § 26 EStG günstigste Veranlagungsoption im Jahr 2010.

Die Zusammenveranlagung ist für das Ehepaar Hellmuth im VZ 2010 günstiger. Gegenüber der getrennten Veranlagung, bei der 32.330,00 € an Einkommensteuer vom Ehepaar Hellmuth zu zahlen ist, fällt bei der Zusammenveranlagung eine Einkommensteuer in Höhe von 28.829,00 € an. Dies entspricht einer Ersparnis von 3.501,00 €.   (2)

Lösung Aufgabe 3:
a) *Ermitteln Sie die Körperschaftsteuer- sowie die Gewerbesteuerschuld der Greifswalder-Fährschiff-GmbH für den Veranlagungszeitraum 2010.*

Berechnung der Gewerbesteuerschuld
Handelsbilanzgewinn	1.000.000,00 €	(1)
Drohverlustrückstellung § 5 Abs. 4a EStG	+ 100.000,00 €	(1)
Steuerbilanzgewinn	1.100.000,00 €	(1)
Nicht abzugsfähige Betriebsausgaben § 10 Nr. 4 KStG:		
Aufsichtsratvergütung (50 % von 25.000,00)	+ 12.500,00 €	(1)
Gewinn aus Gewerbebetrieb	1.112.500,00 €	(1)
+ Hinzurechnungen nach § 8 GewStG	-	
- Kürzungen nach § 9 GewStG	- 2.000,00 €	(1)
Gewerbeertrag	1.110.500,00 €	(1)

GewSt=GE*3,5% (§ 11 Abs. 2 GewStG) *395%	153.526,63 €	(2)
Gerundet	153.526,00 €	

Berechnung der Körperschaftsteuerschuld
Gewinn aus Gewerbebetrieb/		
Zu versteuerndes Einkommen	1.112.500,00 €	(1)
KSt = zvE*0,15 (nach § 23 Abs. 1 KStG) =	166.875,00 €	(2)

b) *Alleinige Gesellschafterin der Greifswalder-Fährschiff-GmbH ist die Stralsunder-Fischerboot-GmbH. Berechnen Sie die maximale Dividende, die die Greifswalder-Fährschiff-GmbH an die Stralsunder-Fischerboot-GmbH ausschütten kann.*

Handelsbilanzgewinn	1.000.000,00 €	(1)
Gewerbesteuer	./. 153.526,00 €	(1)
Körperschaftsteuer	./. 166.875,00 €	(1)
Maximale Dividende	679.599,00 €	(1)

129

c) *Erläutern Sie **verbal** die steuerliche Behandlung der Ausschüttung bei der Stralsunder-Fischerboot-GmbH.*

Gemäß § 8b Abs. 1 KStG sind Bezüge im Sinne des § 20 Abs. 1 Nr. 1 EStG bei der empfangenden Kapitalgesellschaft steuerfrei. Das bedeutet, die Ausschüttung der Greifswalder-Fährschiff-GmbH an die Holding-GmbH ist steuerfrei. (2)

Von diesen Dividendenerträgen gelten bei der Stralsunder-Fischerboot-GmbH 5% als nicht abzugsfähige Betriebsausgabe (§ 8b Abs. 5 KStG). (1)

Alle tatsächlichen Aufwendungen, die mit den Dividendenerträgen in Zusammenhang stehen, mindern den Gewinn in voller Höhe. (1)

Klausur 20: Betriebswirtschaftliches Steuerwesen

Lösung Aufgabe 1:   **Punkte**

a) Gewerbetreibende, die weder einer steuerlichen Buchführungspflicht unterliegen noch freiwillig Bücher führen, ermitteln ihren Gewinn als Überschuss der Betriebseinnahmen über die Betriebsausgaben.

Richtig: [X]   Falsch: [ ]   (1)

b) Die Körperschaftsteuer ist eine direkte Steuer, weil sie unmittelbar die wirtschaftliche Leistungsfähigkeit einer juristischen Person erfasst.

Richtig: [X]   Falsch: [ ]   (1)

c) Gewinne aus privaten Grundstücksveräußerungsgeschäften bleiben steuerfrei, wenn der Zeitraum zwischen Anschaffung und Veräußerung nicht mehr als zehn Jahre beträgt.

Richtig: [ ]   Falsch: [X]   (1)

Gewinne aus privaten Grundstücks-Veräußerungsgeschäften bleiben steuerfrei, wenn der Zeitraum zwischen Anschaffung und Veräußerung mehr als zehn Jahre beträgt (§ 23 Abs. 1 Nr. 1 EStG).   (1)

d) Gesellschafter einer Kapitalgesellschaft können Gewerbesteuer nach § 35 EStG auf ihre Einkommensteuer anrechnen.

Richtig: [ ]   Falsch: [X]   (1)

Einzelunternehmer und Gesellschafter einer Personengesellschaft können Gewerbesteuer nach § 35 EStG auf ihre Einkommensteuer anrechnen.   (1)

e) Bei der Gewinnermittlung durch Betriebsvermögensvergleich basiert die Periodenzurechnung auf dem Zu-

131

fluss-Abfluss-Prinzip, das heißt es werden pagatorische Größen gegenübergestellt, welche grundsätzlich im Zahlungszeitpunkt erfasst werden.

Richtig: ☐   Falsch: ☒   (1)

Die Aussage betrifft die Überschussrechnung nach § 4 Abs. 3 EStG. Beim Betriebsvermögensvergleich erfolgt die Periodenzurechnung nach dem Verursachungsprinzip.   (1)

f) Ein atypischer stiller Gesellschafter erzielt als Mitunternehmer Einkünfte aus Gewerbebetrieb.

Richtig: ☒   Falsch: ☐   (1)

g) Juristische Personen, die im Ausland ihre Geschäftsleitung und ihren Sitz haben, jedoch inländische Einkünfte erzielen, sind beschränkt körperschaftsteuerpflichtig.

Richtig: ☒   Falsch: ☐   (1)

Lösung Aufgabe 2:
a)
Herbert Franz erzielt Einkünfte aus Vermietung und Verpachtung nach § 21 Abs. 1 Nr. 1 EStG   (0,5)

Einnahmen:

Erdgeschoss: 200*12	2.400,00 €	(0,5)
Obergeschoss: 500*12	6.000,00 €	(0,5)
Dachgeschoss: 300*12	3.600,00 €	(0,5)
	12.000,00 €	
+ Miete EG Rentnerin Lang		
Januar – März 2011, Zahlung am 02.12.2010	600,00 €	(0,5)
./. Miete OG Familie Heller Dezember 2010	500,00 €	(0,5)
	12.100,00 €	
./. Werbungskosten, § 9 EStG	2.500,00 €	(0,5)
Einkünfte aus Vermietung und Verpachtung	9.600,00€	(0,5)

Begründung:
Überschussermittlungszeitraum ist das Kalenderjahr. Es gilt das Zuflussprinzip (§ 11 Abs. 1 Satz 1 EStG).   (0,5)
Bei den Mieten handelt es sich um regelmäßig wiederkehrende Einnahmen, deshalb ist § 11 Abs. 1 Satz 2 EStG zu beachten,

wonach Einnahmen, die dem Steuerpflichtigen kurze Zeit vor Beginn oder kurze Zeit nach Beendigung des Kalenderjahres, zu dem sie wirtschaftlich gehören, zugeflossen sind, als in diesem Kalenderjahr bezogen gelten. (0,5)

Die Mietzahlung der Rentnerin für die Monate Januar bis März 2011 muss im Jahr 2010 berücksichtigt werden, weil das Geld nach § 11 Abs. 1 Satz 1 EStG im Veranlagungszeitraum zugeflossen ist. Die Gutschrift erfolgte außerhalb der 10-Tages-Frist. (1)

Die Miete der Familie Heller für Dezember 2010 gehört wirtschaftlich ins Jahr 2010, sie wurde aber nicht innerhalb der 10-Tages-Frist im neuen Jahr gezahlt. Ein Fall des § 11 Abs. 1 Satz 2 EStG liegt nicht vor. Sie muss deshalb dem Jahr 2011 zugerechnet werden. (1)

Die Miete des Studenten Thomas Weiß für November und Dezember 2010 ist wirtschaftlich dem Jahr 2010 zuzurechnen. Sie wurde innerhalb der 10-Tages-Frist nach dem Jahreswechsel gezahlt. Sie muss im Jahr 2010 berücksichtigt werden. (1)

b)

Verkauf des im Privatvermögen gehaltenen Cabrios:
Verkauf außerhalb der einjährigen Behaltensfrist nach § 23 Abs. 1 S. 1 Nr. 2 EStG, (1)
daher kein steuerpflichtiges privates Veräußerungsgeschäft. (1)

Verkauf des im Privatvermögen gehaltenen Originalgemäldes:
Verkauf innerhalb der einjährigen Behaltensfrist gem. § 23 Abs. 1 S. 1 Nr. 2 EStG: (1)

Veräußerungspreis	9.200,00 €	(0,5)
./. Anschaffungskosten	8.000,00 €	(0,5)
./. Werbungskosten	500,00 €	(0,5)
= Gewinn aus privatem Veräußerungsgeschäft	700,00 €	(0,5)

Die Freigrenze in Höhe von 600,00 € (§ 23 Abs. 3 Satz 5 EStG) ist überschritten, (0,5)
der gesamte Gewinn in Höhe von 700,00 € ist steuerpflichtig! (1)

Herbert Franz erzielt sonstige Einkünfte nach § 22 Nr. 2 EStG (Einkünfte aus privaten Veräußerungsgeschäften i.S.d. § 23 EStG). (0,5)

Lösungen

c)
Herbert Franz erzielt Einkünfte aus nichtselbständiger Arbeit
nach § 19 Abs. 1 Satz 1 Nr. 1 EStG   (0,5)

Einnahmen aus nichtselbständiger Arbeit	48.000,00 €	(0,5)
./. Werbungskosten	920,00 €	(0,5)
(§ 9a Satz 1 Nr. 1 EStG; Arbeitnehmer-Pauschbetrag)		
= Einkünfte aus nichtselbständiger Arbeit	47.080,00 €	(0,5)

Der Arbeitnehmer-Pauschbetrag wird angesetzt, wenn die tatsächlichen Werbungskosten unter diesem Betrag liegen.   (1)

Lösung Aufgabe 3:
a)
KSt-Schuld der GmbH: 500.000,00 € * 0,15 = 75.000,00 €   (1)
nach § 23 Abs. 1 KStG 15 % KSt-Satz   (1)

b)
Berechnung maximal mögliche Dividende:

z.v.E.	500.000,00 €	(0,5)
./. GewSt	60.000,00 €	(0,5)
./. KSt	75.000,00 €	(0,5)
=maximale Dividende	365.000,00 €	(0,5)
davon entfallen auf Erna Klein:		
365.000,00 * 0,4	146.000,00 €	(0,5)

Berechnung Einkommensteuer Erna Klein:
Erna Klein erzielt Einkünfte aus Kapitalvermögen nach § 20
Abs. 1 EStG.   (1)

Einnahmen § 20 Abs. 1 Nr. 1 EStG	146.000,00 €	(0,5)
./. Sparer-Pauschbetrag § 20 Abs. 9 EStG	801,00 €	(0,5)
= Einkünfte aus Kapitalvermögen	145.199,00 €	(0,5)

Einkommensteuer in Form der Abgeltungsteuer: 25 % nach
§ 32d EStG   (1)
(145.199,00 € * 25 %)   36.299,75 €   (1)

c)
Dividenden		
(365.000,00 € * 0,6	219.000,00 €	(0,5)
./. Aufwendungen im Zusammenhang mit		
der Beteiligung	15.000,00 €	(0,5)

134

| Handelsbilanzgewinn | 204.000,00 € | (0,5) |
| entspricht Steuerbilanzgewinn | 204.000,00 € | (0,5) |

Außerbilanzielle Korrekturen: (0,5)
Steuerfreie Einnahmen:
Dividende § 8b Abs. 1 KStG ./. 219.000,00 € (0,5)
[Bei der AG sind gem. § 8b Abs. 1 KStG Dividendeneinnahmen
grds. steuerfrei.] (0,5)
Nicht abzugsfähige Betriebsausgaben:
§ 8b Abs. 5 KStG (219.000,00 * 5 %) + 10.950,00 € (1)
[Die im Zusammenhang mit der Beteiligung stehenden Betriebsaus-
gaben sind abzugsfähig; allerdings gelten 5 % der Dividende als
nichtabzugsfähige Betriebsausgaben nach § 8b Abs. 5 KStG.] (0,5)
= Gewinn aus Gewerbebetrieb ./. 4.050,00 € (1)
= zu versteuerndes Einkommen ./. 4.050,00 € (0,5)

Verlust kann zurück- oder vorgetragen werden. (0,5)

Lösung Aufgabe 4:
a)
Veräußerungspreis:	205.000,00 €	(0,5)
./. Veräußerungskosten	15.000,00 €	(0,5)
= Netto-Veräußerungspreis	190.000,00 €	(0,5)
./. Wert des Betriebsvermögens	147.000,00 €	(0,5)
= Veräußerungsgewinn	43.000,00 €	(0,5)

Veräußerungsgewinn:	43.000,00 €	
./. Freibetrag § 16 Abs. 4 EStG	43.000,00 €	(1)
= Steuerpflichtiger Veräußerungsgewinn	0,00 €	(0,5)

Zu zahlende Einkommensteuer: 0,00 € (1)

b)
Veräußerungspreis:	303.000,00 €	(0,5)
./. Veräußerungskosten	11.000,00 €	(0,5)
= Netto-Veräußerungspreis	292.000,00 €	(0,5)
./. Wert des Betriebsvermögens	120.000,00 €	(0,5)
= Veräußerungsgewinn	172.000,00 €	(0,5)

Veräußerungsgewinn:	172.000,00 €	
./. Freibetrag § 16 Abs. 4 EStG	9.000,00 €	(1,5)
= Steuerpflichtiger Veräußerungsgewinn	163.000,00 €	(0,5)

(172.000 ./. 136.000 = 36.000;
45.000 ./. 36.000 = 9.000)

Veräußerungsgewinn:	163.000,00 €
Anwendung ermäßigter Steuersatz (§ 34 Abs. 3 EStG):	(0,5)
0,42*0,56 = 0,2352 = 23,5 %:	(1)
Zu zahlende Einkommensteuer:	38.305,00 € (1)

Lösung Aufgabe 5:
Der Möbelhändler entnimmt den Schrank aus dem Unter-
nehmen für Zwecke, die außerhalb des Unternehmens liegen. (1)
Dies entspricht einer fiktiven entgeltlichen Lieferung gem.
§ 3 Abs. 1b Nr. 1 UStG. (1)
Nach § 3f UStG befindet sich der Ort der Lieferung nach § 3
Abs. 1b UStG in Berlin, nämlich dort, wo der Möbelhändler
sein Unternehmen betreibt. (1)
Nach § 3 Abs. 1b Nr. 1 UStG handelt es sich um eine steuer-
bare Lieferung, die gleichzeitig steuerpflichtig ist. (1)